雪の日の関ケ原付近の運転では、車輪の滑走を防ぐため刻みノッチで徐行運転をして走った

初めて0系新幹線を運転した日、緊張しながらの新大阪駅ホームでの記念写真

0系新幹線を運転している筆者

車両掛時代、3万キロ走行後の0系交番検査でのパンタグラフ修理作業

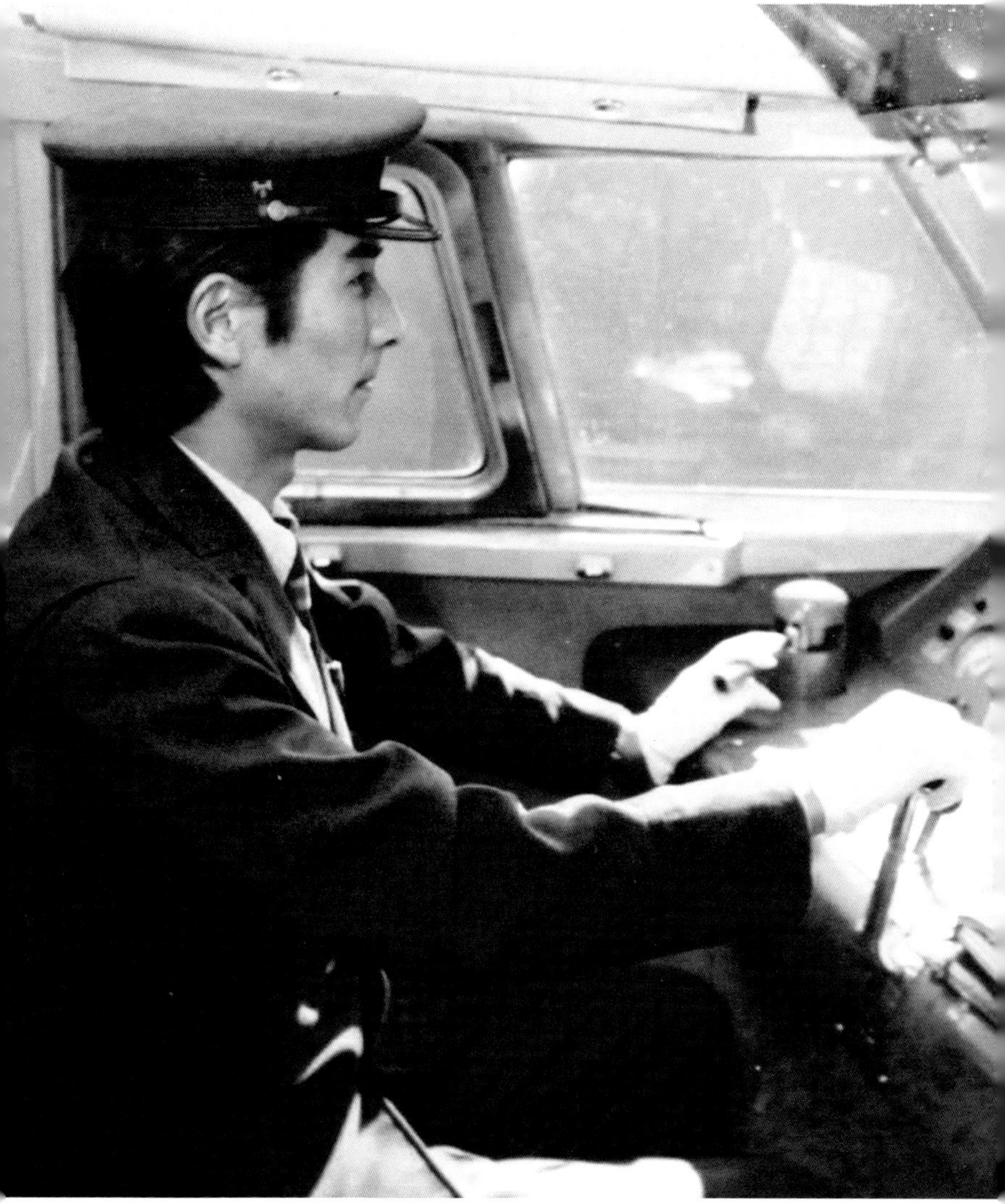

12名の運転上料同期生とともに。東京運転所車庫での地上訓練時に撮影した写真

岐阜羽島駅近くの名神高速道路との交差付近。高速道路との並行カ所では競い合う車が出没した

0系新幹線の運転風景。時速210kmの ATC 指示信号に合わせ、時速200km程度で運転している

0系
新幹線
運転台日記

にわあつし

0系新幹線運転台日記

contents

本書は雑誌『旅と鉄道』２０１５年５月号〜２０１７年７月号で連載した「鉄道マンたちの青春劇場」を加筆、再編集したものです。

はじめに

「トンネルの中からドカンドカンと音がする。ダイナマイトの音だ。めざすは東京オリンピック……。」

幼い頃の私は海岸線を走る列車に手を振りながら旅への夢を描き、中学生時代我が家のすぐ近くで始まった新幹線のトンネル工事現場を眺め、将来新幹線の運転士になろうと歩んできました。

1969(昭和41)年4月、東海道新幹線支社運転部門採用試験に合格。関西鉄道学園初等課程新幹線運転科をスタートに、列車の点検整備を行う車両掛を経て、憧れていた新幹線運転士としてデビューしました。

東海道新幹線は、日本が高度成長期東海道本線の行き詰まりを打開するため、そして東京オリンピック開催が決まった1964(昭和36)年10月1日を目指し工事が進み、時速210㎞の高速鉄道として華々しく誕生しました。

この本は、1975(昭和50)年新幹線運転士になった私が運転した初代0系新幹線での運転エピソードを書き留めました。

1949(昭和24)年に公共企業体として日本国有鉄道が発足。

1987(昭和62)年分割民営化まで日本の鉄道を牽引してきた国鉄時代の私の所属した東京第2運転所には、蒸気機関車などの運転を経験してきた、運転にはこだわりをもつベテラン先輩運転士が多く集まっていました。私は諸先輩方の厳しい指導と温もりのもとで、分割民営化直前まで運転士を務めました。この頃の新幹線運転士の勤務体制や人間関係。そして、2008(平成20)年に多くの鉄道ファンに見送られながら営業の舞台から退きましたが、初代0系新幹線が走った国鉄時代の運転形態は、現在のJRの運転業務形態やデジタル化された最新N700系などの運転乗務とは全く別の世界と言えます。

東海道新幹線開業60周年が次年度に迫るいま、昭和の時代0系新幹線列車を動かした、こだわりの強いぽっぽや運転士達の喜びや苦労など織りなした新幹線列車の運転という仕事での人間模様を描いています。是非この本から感じ取って下さい。私が運転士として体験してきた数々のエピソードから、新幹線運転士の仕事はどんなものか、そしてウラ話もたっぷりと御開帳いたしました。この本を読んだあなたが次に新幹線乗車の旅の時は、きっと運転士の気持ちが注ぎ込まれて楽しい旅になるでしょう。

執筆にあたり、新幹線運転士諸先輩の皆様や仲間達には大変貴重なお時間と思い出を提供していただきました。ここに感謝と御礼申し上げます。

にわあつし

Episode 1

昭和44年、新幹線運転士への道

幼い日、線路端で育まれた運転士への夢

「オ〜イ汽車が来るぞ、防波堤の裏に隠れろ!」　駿河湾の沿いの小さな町、由比あたりでは東海道本線の線路はほとんど海岸線に沿って走る。この地で生まれた私にとって、その線路端こそ最高の遊び場所であった。

レールの上に耳を当て、迫って来る列車の響きに胸をときめかせた幼年時代。その後物心がついてからは、ＥＦ58形電気機関車に牽引され、鮮やかな淡緑色をまとった特急「はと」や「つばめ」など、見るからに男らしい、勇ましい姿が私の心を虜にした。最後部に連結されたスイテ４８１形式展望車デッキで手を振る乗客を見上げることもあった。

このころから私は鉄道旅への憧れと列車の運転士になる夢を抱き始めていた。１９６８(昭和43)年高校3年生の半ば、国鉄に勤めていた叔父から新幹線職員の募集を聞いて応募したところ、幸いにも合格し新幹線の電車運転士を目指して国

鉄新幹線総局運転部門に入社した。東海道新幹線が開業して5年後であった。現在、新幹線電車運転士への道は、先ず駅職員になり、次に車掌を経験してから運転士の試験に挑み、合格して運転士になる。

これは営業の仕事から運転という技術仕事に至るまで、オールマイティーに職を渡り歩くシステムである。

ところが、国鉄時代は入社の窓口は運転、車掌、保線、電気など部門別であった。特に運転に従事する者は「運転に徹する」という職人意識が強く、その職場もいわゆるポッポ屋集団であった。運転部門に入社すると、整備掛《がかり》という雑用をする職が最初の勤務職だ。そして次のステップが車両掛である。

2年9カ月励んだ裏方の仕事〃車両掛〃

新幹線電車運転士の試験を受けるためには、この車両掛という電車を修理する

品川の南に位置していた東海道新幹線の東京第一運転所車両基地に並んだ0系新幹線

仕事に2年9カ月間従事しなければならなかった。では車両掛という職はどんな仕事をするのだろうか。その内容と言えば、先ず容姿は、見るからに格好のよい制帽・制服姿の運転士とは違い、黄色いヘルメットを頭に被り、足元は少々物が当たっても痛くない金具入りの安全靴、顔には防塵マスク、そして全身に紺色の通称ナッパ服と呼ばれる国鉄作業服を着たスタイルである。運転士が電車を動かしていく表舞台の仕事であれば、車両掛は電車を安全快適に走行させるために、埃と汗にまみれて電車を研く裏方の仕事であった。

新幹線品川駅ができる以前には品川駅南側に東京第一運転所車両基地があった。そこは長さ400mの16両編成列車がまるごと6本も点検できる車庫を備え、さらに20番線までの電留線をもつ広大な敷地だった。当時、列車のほとんどは初期の0系電車だ。走行距離3万kmを働いてきた列車は、「交番検査」という定期検査をこの車庫で行う。パンタグラフのある屋根周り、車両の室内、運転台、車両下廻りに付いている台車を含むすべての機器など、すべての検査・動作チェックそして修理を行っていく。

検査方法は、16両編成の車両を2両(1ユニットと呼ぶ)ずつに分け、検査掛と車両掛の二人がスクラムを組んで検査掛が点検し交換部品などを指示し、車両掛が部品の交換作業をしていく。午前と午後に分け1日2編成の作業内容で、点検行程は1編成約3時間だ。私の体験だが、相方の検査掛が繊細な神経の持ち主であると、検査時間も長くかかり予想以上に部品交換指示をして来る事があった。その仕事量が多くなれば当然作業時間が長くなり、予定時間を超えてしまう。「なんだ！　この仕事量は？」車両掛にとっては余りの多さに辛い思いもしたが、文句を言う前に自分の技能速度をあげる事が車両掛のプロになる道であった。

車両の下へもぐって埃まみれになる

1日の交番検査の始まりは朝9時、広大な車庫の端で点呼が始まる。総括検査長が台の上に立つと、今日の午前中と午後の2本の検査をする列車を発表する。

交番検査に入る列車には、初めて交番検査に入るきれいな新車もあれば、かなり走り尽くして全般検査(72万㎞で検査)直前の車両、傷だらけで汚い列車など、日々違う列車が入庫する。車両の状態によって車両掛の作業効率も違ってくる。

「本日の午後の列車はN3編成で、○○で人身事故を起こした列車です。大変ですが検査チェックを宜しくお願いします」たまにこんな事故に遭遇した列車の検査にぶつかることもある。それも運悪く真夏の暑い日に重なったりする。人身事故(通称マグロ)に遭遇した列車と聞いた とたんに、「イヤ〜参ったな〜。今日の作業は最悪だ！」車庫内に思わず声が上がり、担当する者の表情が強ばる。

特に下廻りを担当する車両掛は、苦い顔をして恐る恐る担当車両部所に向かう。車両掛の下廻り作業は、高さが1メートルもないレールの下をくぐり、車両下部にある床下機器の蓋を外す作業から始める。3万キロも走行している車両のボディは薄汚れていて、マグロをした列車であれば血痕が付着している。マスク越しに電気機器などからの放つ熱の匂いに混ざり、複雑で異様な匂いもしてくる。

電源が落ち静まりかえった車両の下へと潜る。腰をかがめながら機器の留金を外す作業をしていく。いくつもの機器蓋をはずす途中、力行（走行の回路）とブレーキの回路切り替えを行う「遮断器」を地面におろす。遮断器接点にヤスリ掛けをする作業があるからだ。次に台車側に移り、車軸に取り付けられた2つの電動機の蓋を開ける。2本の車軸の狭い間に、身体を反るようにして入り込み、振り返りながら作業をしていく。この狭い隙間に身体を入れる作業をすると、一瞬にして顔面から足の先まで、身体全体が埃まみれになる。細いパイプ管に身体を突っ込んだ感じである。いかに汚れない様に作業をできるかは、経験次第で要領がわかってくるものだ。マグロ後の列車では、この電動機にも異物が付着している事があるからたまらない。

辛かった10キロあるディスク・ライニングの交換

悪戦苦闘して電動機の蓋を開け点検前の準備作業を終えて、検査掛にバトンタッチをする。彼ら検査掛はハンマーと懐中電灯を片手に車両の下部に入り、コンコンと各部を叩き、ボルトの弛みや各機器の点検をしていく。そして検査が終わると、車両ボディのスカート部分に白いチョークで交換部品の数を明記していく。車両掛は、部品の取り替え作業量を気にしながらじっと待つ。

話は専門的になろうかと思うが、下廻り作業でいちばん取り替え部品の多いのが、各車輪を挟むブレーキのディスク・ライニング板と電動機内のコイルブラシである。ディスク・ライニング板は新品から6ミリ磨耗するとすぐに交換しなければならない。一枚が約10kgもありずっしりと重い。車両掛は、いかに早く手際よく部品を交換できるかを考えながら作業をしていく。ディスク・ライニング板の交換作業は、車両掛にとっては大変な仕事であったが、隣のユニットの車両掛仲間とライニング取り替えの競争をしたりして、それなりに楽しく作業をしたものである。

多い時は2両4台車に全部で16枚あるディスク板の半数以上取り替える事もある。取り替え方法はこうだ。台車の側面の車輪の前へ中腰で立ち、両足をしっかり固定し、ディスク板を止めてあるボルトを外して、車輪から心棒を揺さぶり地面に落とすのである。ボルトを外した瞬間にディスクが抜け落ちる事もあり足に当たらない様に注意する。だから両足を確実に開いて作業するのである。また新品のディスクを取り付ける時は、ディスクが厚いためになかなか溝に入らず、使用済みのディスクを両手で持ち、下から新品ディスクを叩き入れていくのである。この作業では重心が腰に集中するので、ぎっくり腰になる事が多かった。あらゆる電車の修理に専念する車両掛は、電車の仕組みを身体中で覚え、新幹線を安全に走らせる為の縁の下の力持ちとして働く技術職であった。

毎日全身埃だらけになりながら、私は次に登り詰める電車運転士への憧れを強く持ち続けていたのだった。

東京第一運転所車両基地の建屋内で整備を受ける0系車両。ここで車両下の作業が行われていた

Episode 2

先輩運転士に学び、いざ運転士試験

東海道新幹線の試運転で使用された
新幹線1000系電車A編成

新幹線開業の日一番列車を見た

１９６４（昭和39）年10月1日、日本中の国民の期待を乗せ東海道新幹線が開業した。時速２００㎞で走る「世界最速、夢の超特急」と謳われた始発列車は、世界規模で注目を浴びたと言っても間違いではない。

その３か月前、当時中学生だった私は国鉄に勤めていた叔父の世話で幸運にも静岡〜浜松間での試乗を体験できた。そして開通初日の午前8時過ぎ、わくわくしながら下りの一番列車の到着を高架橋の上で待った。わが家から２００ｍ程離れた切り通しの中に線路は敷かれていた。足の下を瞬時に走り抜けるそのスピードの凄まじさを今でも鮮明に記憶している。その頃から、私の胸に新幹線の運転士になりたいという夢が兆《きざ》し始めた。

開業一番列車の運転乗務についたのは、東京駅発下りは大阪運転所所属の山本、井月両氏。そして新大阪駅発の上りの東京行一番列車は、東京運転所所属の大《おお》石《いし》和《かず》太《た》郎《ろう》氏、関《せき》亀《かめ》夫《お》氏の二人であった。

開業から1年間は路盤を安定させるなど安全面を確保するため、最高時速を160㎞に抑え、「超特急ひかり号」は東京～新大阪間515㎞を4時間で結んだ。それでも、初めての超特急に乗る客は、最高時速210㎞という夢の速度を体感したいと、乗る前から胸を膨らませていた。

時速210kmに乗客は大歓声

上り一番列車を運転していた大石氏は「お客様の期待に応え、キャッチフレーズである時速210㎞の感覚を楽しんでもらおう」と考えたという。列車が大津を過ぎて近江平野の直線区間にさしかかると、いきなり主幹制御器(速度を制御するレバー)を最高の10ノッチに上げた。すると床下にあるタップ切替器は速度電圧を上げる診断をして電動機に伝えていく。そして車輪が力強く回り、最高速度の時速210kmに達した。

　ビュッフェ車両に設置された速度計に目を凝らしていた客は、ぐんぐんと速度が上り、やがてメーターの指針が最高速度の時速210kmを示す目盛りに達した時、思わず歓声を上げたそうだ。

　運転する大石氏は東京から新大阪を4時間で運転するとすれば、最高速度は160km以下に抑えなければ次の停車駅である名古屋へは早く着きすぎてしまうことが分かっていた。速度は一時的に210kmへとアップして運転してみせたが、さすが在来線で技量を鍛え上げてきたベテラン運転士である。うまく時間調整をして、新大阪発の一番列車は定刻の4時間運転で東京駅ホームに滑り込んだのである。

初期の運転士にスピードの試練

　さて大石氏をはじめ、選抜試験を経て初の新幹線運転士になった方々は、それまでの在来線の運転では時速１００㎞前後の経験しかない。開業前、新幹線運転士募集が行われたが。応募資格は「電車運転士、電気機関士経験2年以上で、現場長推薦、そして学力試験、心理・医学適性検査に合格した者」であった。高速列車の運転を理由に、航空機のパイロット適性検査も鉄道に初めて導入された。

「回転椅子に身体が固定され、そして椅子が回り出したんだ。そのうち目がまわり落ち着かない気分になった。回転が止まった時は少しふらつき気味で、椅子から降りたらすぐに片足で立つ指示をされたんだ。どのくらいの時間で正常な状態に戻るかを調べるテストだったんだな。この平《へい》衡《こう》感覚を調べる試験にはびっくりしたよ！」。

　試験を受けた運転士たちはしきりにこのテストの厳しさを口にした。

在来線から新幹線の運転へ移った彼らが一番苦労したのが、時速200㎞という高速度から停車するまでのブレーキの扱いだったという。1962(昭和37)年に鴨宮から綾瀬間37㎞の試験線が開通したが、その線路上では、ATC(自動列車制御装置。前方の列車に接近した時や停車駅に近づいた時、指示された制限速度を超えると自動的にブレーキがかかる安全システム)がまだ完成していなかった。この試験線上で、A編成2両B編成4両の試作旅客電車を走らせ、ATC性能試験テストや、ブレーキ性能、動揺、各種機器の機能、車体強度、気密・騒音テストなどさまざまな試みが行なわれた。

運転台には交代要員を含めた運転士と、検査・管理スタッフなどがびっしりと詰めた姿があった。

「次は○○キロ地点で速度110㎞のブレーキテストをします。最初は常用ブレーキをかけます。はい停車、停止までの距離は800mでした。次は同じ速度で非常ブレーキ(常用ブレーキに40%空気ブレーキを付き加える)をかけます。はい停車!　オ～ッと、完全に止まらないな!　滑走だ。参ったな」。

新幹線の強力なブレーキ力は、車輪が止まったと思う直後に、そのまま滑走を引き起こし、車輪にフラット(車輪が削られ平らな部分ができる)ができる事が多かった。特に雨の日はレールと車輪の摩擦力が弱くなり滑走が起きやすい。滑走を起こした列車は、ガタンガタンと車体にレールからの振動が響き、身体への衝撃となり、ひどい走りとなる。

開業前からの運転士達は、走る・止まるのブレーキ試験と調整、そして新幹線の運転の基礎を身につけてきた。ちなみに、ATCが正式に使用されたのは64(昭和39)年7月。開業の僅か3カ月前であった。

難関の運転士試験を無事にパス

新幹線が開通した10年後、つまり国鉄に入社して5年経った1974(昭和49)年、私は2年9カ月の車両掛《がかり》の経験を終了した。その事が新幹線運転士試験に応募できる資格であった。

運転士試験は第一次のクレペリン・テストから始まり、五科目の学科試験、パイロット並みの回転椅子もある心理適性検査・医学適性検査と続き、最後の脳波検査まで約半年をかけて行われた。合計四次まで行われた各種試験を受けに、東京～新大阪間の新幹線運転職場の資格保持者、在来線から転換したい全国各地の運転士を含めて、数百人の受験者があったという。

その結果、東京と大阪の運転所合わせて採用30人。私はようやく狭き門をくぐり抜け、新幹線運転士の試験に合格できた。合格後は国分寺にあった中央鉄道学園で、新幹線電車の運転・配線や構造・信号や法規などの学科教育が半年間行われた。

学園終了後、運転士の見習いに入る。念願の0系新幹線のハンドルをこの手に握るのである。そしてこの時初めて運転士の制服に袖を通す。

「よく似合うな。さすがに運転士の制服はカッコいいよ。車両掛の時に着ていたナッパ服(作業着)と格段の差だよ」。

と同期の仲間同士、紺色の制服姿を眺めながら喜びを分かち合った。袖のデザインについては、車掌が銀モールなので運転士は金モールがよいと開業時提案が

N12

車両掛時代の筆者。運転士を目指して、列車の安全を支えた

あったが、「チンドン屋みたいだ」と反対意見があったようで、紺色モールに落ち着いていた。

それからは、開業日に時速210㎞を行った大石運転士を始め開業以来運転技術を築き上げてきた経験豊かな指導者のもとで、半年にわたる実地見習が始まった。

待ちに待った新幹線を運転する日が、ようやくやってきた。

Episode 3

見習運転士として、0系新幹線に初乗務

初めての運転は緊張の連続

1975(昭和50)年2月20日。この日は私の運転士見習いの初日であった。

「いよいよ本線乗務だ。新幹線電車を運転できるんだ。」高鳴る想いに胸をわくわくさせ、そして緊張の連続のなかで0系新幹線の運転に挑んだ事を覚えている。見習い運転の期間は約半年間で、指導の資格を持つベテラン運転士の運転乗務行路につきながら運転技能訓練を行うのである。運転するのは初代0系新幹線電車だ。手に汗握る実車運転に私の心強い指導役として、そしていちばん多く乗務を組んでくれたのが萩原指導運転士であった。彼は蒸気機関車の運転をはじめ多くの機関車や電車を経験してきたベテラン運転士で、彼の指導のもとで体験した見習い運転の教訓は、それからの私の運転士人生の基本となった。萩原氏との初乗務は見習い訓練5回目の時からで、4仕業という運転行路であった。その内

見習い乗務での新大阪駅で、萩原指導運転士(左)と筆者(右)

容は、東京から下り「ひかり」号で新大阪へ、そして回送列車に便乗して大阪運転所車両基地に入庫。翌日は回送列車を新大阪駅まで運転し「ひかり」号で東京に上る1泊2日の行程だ。

乗務した3月初旬、うららかな日差しが照るこの日の東京駅ホームは、平日にも関わらず列の後尾がわからないくらいあふれんばかりの人混みで、私が見習い乗務を始めていちばんの混雑日となった。

「凄い人の数だな！この乗客の列だと列車は超満席だ。にわ、今日は運転のしがいがあるぞ。頑張ってな」

萩原氏は私を勇気づけるように肩を叩き話かけてきた。私の運転をする「ひかり」号の乗車を待つ多くの乗客達の視線を横目にホームを歩く私は、優越感と責任感が脳裏に交わり心臓がドキドキと鳴り続けていた。

満員の新幹線は重く感じる

先頭1号車の運転室ドアを開け運転席に座ると、運転準備に取り掛かった。

0系新幹線列車の発車までの運転操作を簡単に話せばこうだ。先ず自分の運転する列車番号の設定、運転台パネル盤に並ぶ各スイッチの入り切りのチェック、各メーター類の正常な表示の確認、次に、出発信号になるATC70信号が速度計にランプ表示されたら、圧力計を見ながらブレーキ圧力を確かめるブレーキのテストをする。やがて発車時間になり後部車掌がドアを閉めると、「戸閉め点灯、信号70、時刻よし」各部を指差信号喚呼して、左手に握るブレーキ弁ハンドルのブレーキを緩める。逆転器のレバーを前進に倒し、主幹制御器のレバーをゆっくりと1、2ノッチと刻むと列車は動きだすと言う仕組みだ。

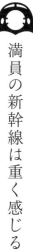

「ひかり」号は発車時間になった。

「にわちゃん、通路まで乗客が満員の状態だ。列車が重そうだから3ノッチまで刻み、新橋をすぎたらノッチオフだよ。」

やがて超満員の「ひかり」号は、東京駅ホームを象がのそのそと歩くような感じで動きだした。

「どうだ、運転していても重く感じるだろ。身体で車両状態を知る事だよ。」

「はい、そうですね。背中と腰辺りに押される重さを感じます。」

列車の加速が少し悪いな？　位の感覚しかない私であったが、運転マニュアルにはない彼の経験から培った教えに、徐々に身体で感じる運転要領を覚えていったのは事実だ。

雨の日の運転台視界はゼロである

春の気まぐれ天気はすぐ変わり、小田原あたりから小雨がぱらついてきた。湿気が多くて運転台内ガラスが曇りがちになっていた。0系運転台の空調は、冷房は震えるくらい効きはよいが、何故か換気は良くなかった。萩原氏は鞄の中の洗面用具から固形石鹸を出すと、内側のガラス面に塗りたくった。「どうだ、くもらないだろ！」石鹸効果で内ガラスはくもり難くなっていた。外側のガラス窓を拭くワイパーは、雨水と共にこびりついた虫の死骸を拭き落として行く。雨足が強くなると、時速２００㎞で走る列車の前方視界は、ワイパーでは拭き取り効果がない。雨足が強くなり「全然前が見えませんね」と私が不安気に話すと、「こんな大雨や夜など視界不良の時、また突然の停車時の事を想定して、今走っている地点を知る為に沿線の象徴的な建物と地点距離を覚えておく事だ。速度と距離計算で運転時間が予測できる。」

萩原氏は沿線の風景を覚える事を私に勧めた。また、駅間での時速２００㎞前後の速度維持の為には、速度主幹制御器のレバーを中間の5ノッチ前後で調整しながら走る（速度を調整する制御器レバーの目盛りは1〜10ノッチまで刻まれている）など、私は感覚で覚える0系新幹線の運転を習得していった。

名古屋駅でオーバーランをする

列車の運転でいちばん神経を使い緊張を強いられるのが駅停車だ。しかし、運転士としての仕事でいちばんの醍醐味を感じるのもこの作業である。新幹線は安全運転の為すべてATCに身を任せてある訳ではない。確実に駅停止位置にピタリと止める技術は、運転士の手腕にかかるマニュアル運転である。「確実に停止位置に停められますように」と、私は運転する列車が駅に近づくたびに胸が高まるのを感じた。名古屋駅停車の時だった。駅停車の場合、速度を段階的に落とさせるATC信号現示地点が5㎞程手前から設置されている。名古屋駅の下り線停車時は、時速160㎞に速度を落とさせる最初の信号現示地点が六番町橋梁。次の時速70㎞現示はナゴヤ球場付近。そして少し下り勾配の名古屋駅ホーム入線時、30信号が現示され駅停車となる。160、70などの信号は、信号現示を受けても速度が信号数字以下になると自動的にブレーキは解除されるが、駅停車30信号を受けた場合は時速30㎞以下になってもブレーキは弛まない。〝ここからが運転士の出番だ〟と言う気持ちで運転士は白いＡＴＣ確認ボタンを押す。瞬間にブレーキがゆるみ運転士の手動運転にバトンタッチするのである。

「にわちゃん、下り気味のホームと満席状態の列車を頭に入れながらブレーキ圧力を調整して掛けていけ。50ｍ手前2号車後乗車口看板からブレーキだ！」

萩原氏の掛け声とともに「ひかり」号は、３号車乗車口をすぎた。私は左手前方に立つ車両停止位置目標、そして圧力計を意識しながら「ブレーキ圧力2・5キロ」左手に持つブレーキ弁ハンドルを押し回して行く。ぐぐっとブレーキの効き具合を感じるが、背中から押される力のほうがはるかに強い。急いでブレーキを３キロまで加圧する。増しブレーキ力が効き始め「ひかり」号は擦り音を響かせながら停止した。ブレーキを掛ける圧力が弱く、３ｍ程停止位置を過ぎて停車してしまった。すぐさま後部車掌に連絡、ドアを開ける前に列車をバックさせ停止位置を合わせ、無事名古屋駅停車となった。「お疲れさん、次は京都駅で挑戦だね」萩原氏の言葉に、私はホッとため息をつきながら苦笑いで答えた。ちなみに理想ブレーキは「一段制動二段弛め」ブレーキで一度掛けて効き具合を感じとり、二回に分け弛めて停止位置を合わせて止める事で、列車は弛めて止めるのが鉄則である。この名古屋駅オーバーランを含め、見習い乗務40回、総乗務時間209時間14分、乗務キロ29044㎞の見習い訓練は無事終了した。最後に一人前の運転士となる本試験を受け、晴れて「新幹線電車運転士を命ずる」となったのは、1975(昭和50)年の夏の暑い日であった。

初乗務の際の報告書。停止時のブレーキについて報告した

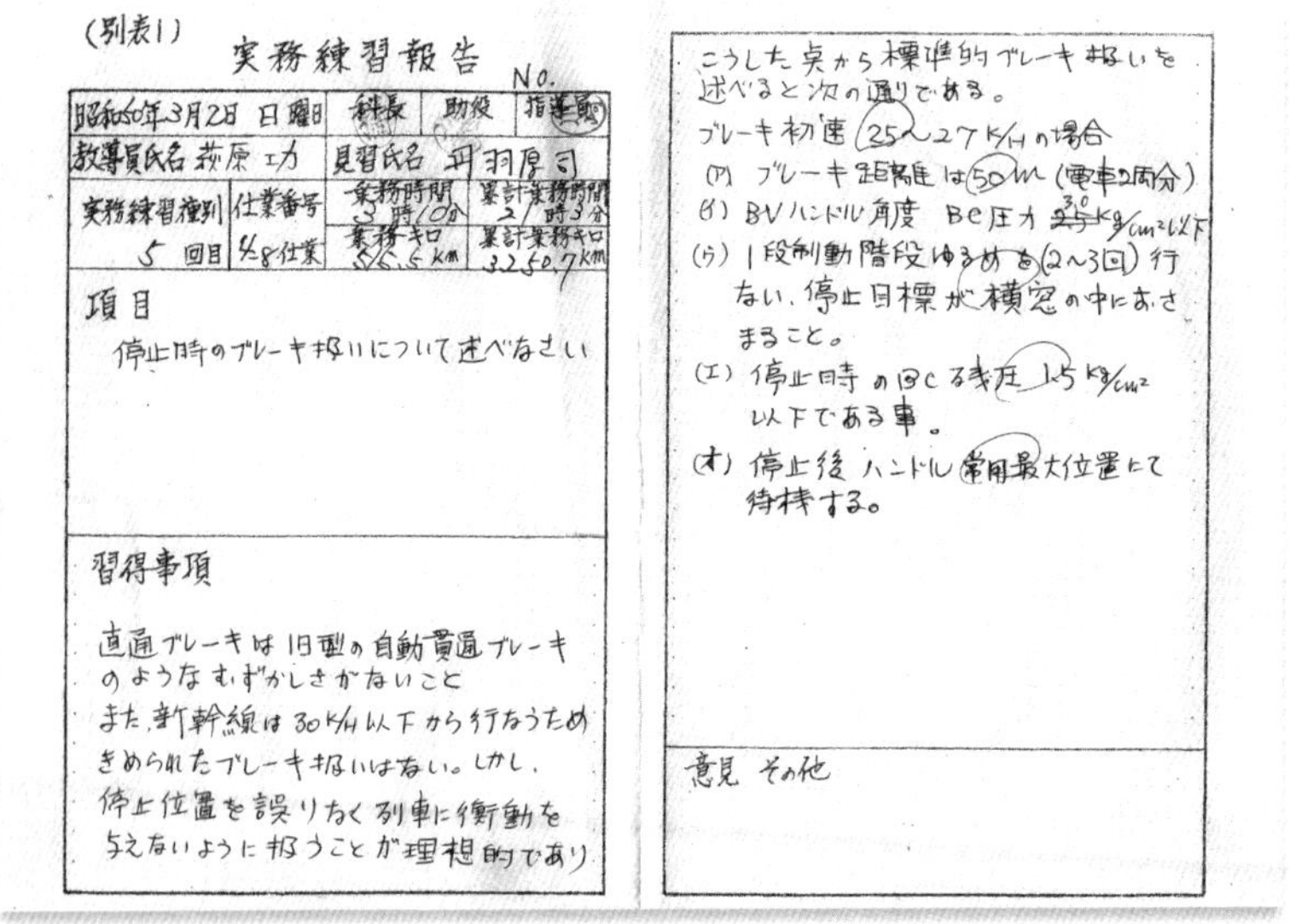
(別表1)

実務練習報告

No.

昭和50年3月2日 日曜日	科長	助役	指導員
教導員氏名 萩原 工	見習氏名 羽原司		
実務練習種別 5 回目	仕業番号 8仕業	乗務時間 3時10分 / 乗務キロ 516.5km	累計乗務時間 21時3分 / 累計乗務キロ 3250.7km

項目

停止時のブレーキ扱いについて述べなさい

習得事項

直通ブレーキは旧型の自動貫通ブレーキのようなむずかしさがないこと
また、新幹線は30K/H以下から行なうためきめられたブレーキ扱いはない。しかし、停止位置を誤りなく列車に衝動を与えないように扱うことが理想的であり
こうした点から標準的ブレーキ扱いを述べると次の通りである。
ブレーキ初速25～27K/Hの場合
(ア) ブレーキ距離は50m(電車2両分)
(イ) BVハンドル角度 BC圧力 ~~2.5~~ 3.0kg/cm²以下
(ウ) 1段制動階段ゆるめを(2～3回)行ない、停止目標が横窓の中におさまること。
(エ) 停止時のBC残圧1.5kg/cm²以下である事。
(オ) 停止後ハンドル常用最大位置にて待機する。

意見 その他

Episode 4

一人前になって初の運転は〝ひかりひかり〟

東京から新人同士の乗務

1975(昭和50)年8月、私は半年間の新幹線運転士見習い終了後、一人前になる運転操作の試験に合格。正式に新幹線電車運転士の辞令を頂いた。この年の3月10日新幹線博多開業。海底トンネルを抜け九州に延びた新幹線の利用客は、ゴールデンウィークの5月5日で103万2136人と、当時記録的な数であった。正式運転士になり初めての乗務列車は博多行き「ひかり」号。乗務行路は、東京から新大阪まで運転して新大阪駅に泊まり、翌日のひかり号を東京まで運転して帰る、運転士仲間での通称〝ひかりひかり〟と呼ぶ1泊2日の乗務行路である。国鉄当時の「ひかり」号の運転は運転士が二人乗務で交代で新大阪まで運転をして行く。私の乗務行路の相棒がなんと偶然にも、運転士科同期生の東氏であった。

「東さん今日の乗務よろしくお願いします。」

同期生との乗務に、ホッとした気持でお互いに挨拶を交わすと乗務点呼を行った。

「東さん15番線からの電話乗り継ぎです。行きましょう。」乗り継ぎ時間が迫り私は東氏に声をかけた。電話乗り継ぎとは、東京駅に上り列車を運転してきた運転士と、折り返し下り列車として運転する運転士とが、列車の状態とか運転状況などを、車内電話で連絡と引き継ぎをすることである。東氏と私は、15番線ホームを先頭1号車に向かって歩き始めた。「俺達のスタイルはこのホームと一緒でピカピカの一年生だよな！」東氏はお互いの真新しい制服姿に笑いながら声をかけてきた。15番線ホームは、この年の6月4日博多開業に合わせて第7ホームとして完成した。

食堂車のお嬢さんがマドンナ

食堂車前にさしかかると、車内食堂のお嬢さん達が材料の積み込み中であった。

「おはようございます。今日はよろしくお願いいたします。」

私達が食堂車前にさしかかるや否や、彼女達は私達に気付くと作業の手を止め、こちらを振り向き笑顔で挨拶をしてきた。

「暑い日の作業でたいへんですね。よろしくお願いします。」

私達も挨拶を交わした。国鉄時代食堂車やビュッフェに働く彼女達は、男職場である私たち運転士にとって、ただひとつの女性との接点であった。日本食堂、帝国ホテル、ビュッフェ東京、都ホテルなど4社の食堂会社が各列車を担当していて、それぞれの車内販売のワゴン車を押す彼女達は、先頭車の販売に来ると「お飲み物はいかがですか?」と、必ず運転台に立ち寄りドリンクサービスをしてくれた。高速運転で疲れている時や眠けに襲われたりしているとき、ガラガラと運転室に近づくワゴン車の音が聞こえると、私達運転士は運転室扉がノックされるのを心待ちにしていたものである。東京駅を発車する私達二人は、15番線の先頭1号車運転台に乗り込むと、早速運転準備を済ませ発車時間を待つ。先行運転は東氏が最初の交代地点の三島駅まで担当する。私は三島から豊橋までと米原から新大阪までの2区間で、豊橋から米原まで東氏がハンドルを持つ事になる。

発車時間になりホームのベルがなりドアが閉まる。

「戸閉め点灯、信号70、時刻よし。」

東氏は、右手で各表示箇所を指さしながら喚呼すると、左手でブレーキ弁ハンドルを緩め逆転ハンドルを前進、主幹制御器(マスコン)の刻み数字を1～2ノッチとゆっくり刻みあげた。

「にわちゃん出発するよ。東京発車定刻まるです。」

東氏は、右足足元にある警笛ペダルを勢いよく踏んだ。軽快な響きと共にひかり号は15番線ホームを離れ本線に出ると、東京の高層ビルの谷間をゆっくりと進んでいく。

運転士としてデビューした当時の筆者(手前)

運転台の景色は天国と地獄

0系運転席は高速運転での速度感覚を和らげる為、運転室床から約90センチ程高い位置に助手席とともに並んでいる。この高い運転席からの視界は180度のパノラマが広がる。運転士はこのパノラマ視界をみながら、多くの乗客を安全に時間どおりに目的地に到着できるように運転に心がけている。

東海道新幹線の沿線といえば、相模湾、駿河湾、三河湾など、広がる柑橘の香り豊かな海岸線、雄大な富士山や伊吹山、そして牧之原のお茶畑や近江平野の田園地帯など、日本特有の美しい景色が展開している。東京から新大阪までのこの景勝区間515㎞が、東京運転所運転士の仕事場である。

私が新幹線の運転士に憧れた理由は、運転をする事が毎日旅につながるという憧れもあり、それはまさに運転士冥利に尽きる事である。しかし、毎日が美しい景色を楽しむ運転ばかりではない。視界にはいろんな出来事が待ち受けている。

時速200㎞の高速で走る運転台からの車窓風景は、とくに天候に左右されやすい。強い雨が運転台窓に降りかかると、設置されたワイパーの水切り効果はないに等しい。梅雨の季節や台風シーズン、また冬の関ケ原の豪雪地帯などの運転は、運転士にとっては運転操作に大変神経を使うところだ。

また天候に関係なく運転台全面ガラスを襲う一団のひとつが虫達だ。特に春の花が咲き誇ると、蜜蜂が花畑を移動するとき新幹線線路を横切る。そんなとき運転台窓ガラスにプチプチと音をたてて当たり、蜜を垂らしながら前面ガラスを汚していく。虫より怖いのが鳥だ。スズメ、ハト、トンビなどいろいろである。突然運転台前を横切ろうとして当たりそうになる。運転士は瞬間に、運転台の下に顔を隠すときもある。ぶつかると「ドスン！」と窓ガラスが割れるような衝撃だ。そして、虫や鳥以上に恐ろしいのが投石と人身事故である。開業の翌年続けて二件、乗越橋からの投石があり、運転台ガラスが割れて運転士がけがをした。時速200㎞以上の高速で走る列車では、たとえ小石一つであっても前面窓に当たって、ガラスが割れると運転士は失明や命に関わる事態になる。

後に、カメラのレンズの先も入らない細かな網が乗越橋の周りに張り巡らされた。人身事故は業界用語でマグロと呼ばれ、運転士にとっていちばん関わりたくない事である。新幹線線路内は厳重に防護柵を張り巡らせてあり、係員以外はとても入れそうもないのに「どこから侵入するんだろう?」と首を傾げるものだ。時速200㎞の列車にぶつかると、非常ブレーキをかけても止まるまで約2㎞は進む。人身事故にあたった列車は、列車に異常がないかを確認したら30分以内に発車。現場確認は後続列車の乗務員が行うのだがいずれにしても嫌な事だ。一度当たれば二度当たると言われているように、下りと上りの一回の乗務で二度も遭遇した運転士もあり、幾度か人身事故を体験した運転士は神社におはらいしてもらうようだ。

西陽に向かって走る

見習い仲間の東氏と交代で運転中のひかり号は、浜松駅を通過して浜名湖にさしかかろうとしていた。

「東さん、西陽がまぶしいね！　浜名湖の美しい風景も、湖面が反射して見えないよ。」

「まぶしいな！　サングラスを掛けないと目がおかしくなるよ。それにしても会社で支給されたサングラスは、俺の顔がでかいのか、痛くて参ってしまうよ。」

東京を午後に発車した下り「ひかり」号だが、快晴の時は運転中必ず西陽があたる。これも運転中での視界に直面するつらいときである。また支給されたサングラスは、サイズが一定で運転士の評判が悪かった。

「東さん、豊橋から交代だ。名古屋駅停車宜しくお願いします。」

新米運転士同士お互いに励ましあう中、ひかり号は東京を発車して初めての停車駅名古屋に近づいていた。

夕刻を運行する下り列車は、
西日へと走ることになる

Episode 5

台風と積雪、神経を使う自然との戦い

通勤はボンネットで

一人前の運転士として乗務する様になった私は、単身で住んでいた横浜の新幹線寮から、家族のいる静岡の我が家に転居をした。勤務先である東京駅の東京第二運転所までの通勤距離は長くはなったが、運転士になった事で新幹線通勤が可能になったのである。0系には1号車と16号車に乗務員室が設置され、便乗勤務の運転士のほか、通勤の運転士も利用していた。

長距離通勤では、名古屋から東京に通う運転士もいるなど新幹線運転士ならではの勤務形態があった。この乗務員室は二人入れば満室で、その時は、先頭部の運転室の前の「ボンネット室」に入ることがある。正式名称は「運転機器室」と呼びATCなどの機器が納められていた。約三畳程の広さの室内は薄暗く、外の景色といえば前照灯を照らす窓の外側に写るレール以外ほとんど見えない。折り畳み椅子に腰掛けて、運転中の主幹制御機のノッチを刻む音やATC信号の現示するチャイム音、ブレーキを掛ける時の空気の抜ける音などを子守唄代わり聴きながら、目的駅までの移動時間を過ごしたものである。

初の台風と運転士の記録

　東京〜新大阪間515キロは、日々運転するとは言え長い運転区間である。四季の美しい彩りを見せる東海道も、夏や秋に襲う台風、冬は関ケ原に降り下ろす「伊吹下ろし」と呼ばれる積雪など、自然界の猛威に対し運転には非常に神経を使った。

　滋賀県彦根辺りから大津までは、広大な近江平野の田園地帯のなかを走って行く。遠くに連なりを見せる比良山地やポツンと優美な姿が目立つ近江富士の三上山（432m）など、この辺りの車窓風景はゆったりとした風情が感じられ、運転中でも気持ちが安らぐ。

1965(昭和40)年9月10日、台風23号が日本列島に上陸した。新幹線開業の翌年で、開業後初めての台風経験であった。先輩運転士は、新大阪から東京行き上りひかり106号を運転。その日の朝の気象台ニュースでは、台風23号は四国に上陸しその後ゆっくりと日本列島を北上すると発表された。「台風が来る前に東京に到着したい!」列車に乗っている多くの乗客を、安全に目的駅まで運ぶ運転士としては、迫る台風は避けたい一心である。京都を発車して間もなく、列車指令からの停車指示が出て432キロ地点に停車。台風の影響での最初の停車であった。

運転台窓の右側に見える奥石神社のある古来の史跡「老蘇の森」では、直径30㎝以上はあろう杉の大木が激しく揺れ動き、台風が近づく予感を物語っていた。約10分程停車して発車。それからは速度70㎞以下の注意運転(特段の注意力で運転する事)で、鈴鹿山脈を源に流れる愛知川橋梁を渡る。川面の水流は濁流の如く流れ、列車は橋梁の上に差し掛かるやグラグラと強風にあおられ揺れた。

「凄い風だ!電車は横倒しにならないだろうか。」

運転しながらでも感じる車体の揺れに不安を隠せない。そしてまたもATCの停車信号30が出た。止まった地点は、辺りは田んぼに囲まれ吹きさらしになる盛土区間。台風の瞬間風速35ｍと発表された気象条件の中、運転する車体の動揺に危険を感じた彼は、

「周りが壁の切通し区間まで列車を動かして避難したい」

と指令に要請したが、なかなか許可が出ない。

「台風が迫っているんだ。盛土上で待つ事と、切り通しの壁の間に移動する事のどっちが安全なんだ！」

彼は台風が迫る不安に苛立ちながら交渉を繰り返した。しかし、列車自体動かす事が危険と言う指令の伝達で列車移動は却下されたのである。ひやひやと待つ事約18分、米原駅までの最徐行運転の指示が出て、30㎞以下の速度で運転を開始した。強さを増して叩き突ける暴風雨と共に、たくさんの小枝が運転台窓を覆い視界を遮る。架線も激しく揺れ動き何とも危険な状況で盲目のような運転を続けた。

約15分後、米原駅を目の前にした東京から412キロ付近でまたも停車。そしてその時からなんと3時間、背筋が寒くなる事が起こったのである。まず、停車箇所がなんと勾配区間。転動防止の為に装着した8個もの手歯止（車輪とレールの間に止めるくさび形の器具）が、台風の強烈な風で吹き飛ばされてしまったのだ。再び砕石で手歯止を叩き、止め直したのだが、ブレーキを掛けるBC空気圧力は、発車指令がでた直前にはなんと1・8キロにも下がっていたのである（平常時8〜9キロ）。

「風で手歯止めは飛ばされるし、もしブレーキを掛ける空気圧がなくなっていたら、あの勾配区間で列車はどうなったんだろうか！」

新幹線運転士の間で語り継がれてきた、初めて台風に襲われた時の運転士のドキュメントだ。

雪に負けないよう運転する

冬の積雪時の運転も、運転士にとって神経を使ったものだ。関ケ原に聳える美しい姿の伊吹山(1377m)も、冬は日本海を越えて来るシベリアおろしがこの伊吹山で伊吹おろしの豪雪となる。

この伊吹山のある岐阜羽島から米原間の約41キロ区間がその降雪地帯である。そして、路線は20‰《パーミル》(1km進むごとに20m)の上り勾配が続き、上り列車での運転台からの車窓は、まるでケーブルカーを運転しているような気分である。この勾配を雪と闘いながら登って行くには、車輪が雪で滑走しないようにだましだましの技量がいるのだ。

速度を上げる主幹制御器(マスコン)の10までである刻みを、必ず1ノッチづつ細かく刻みながら、速度の変化を確認していく。焦って一挙にノッチを上げると、車輪が空転してしまいフラットができてしまうからだ。雪が多い時は速度を70km

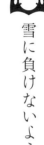

スピードの調整に神経をすり減らした、雪の関ケ原。運転席から撮った１枚

以下に抑えて運転するため、30分から1時間は遅れてしまう。私が運転を始める前の74（昭和49）年の、関ケ原の積雪での列車の遅延で、国鉄の払い戻した金額が15億円と、新幹線開業から20年間にわたってワースト1位を維持し続けた。

私は、長い関ケ原までの上り勾配の走行では米原までどのくらいの遅れで済むか、よく挑戦をしたものだ。それは、名古屋駅を発車してからATC指示速度と速度計をにらめっこしながら、ATCブレーキが掛からないすれすれの速度にノッチを刻みながら運転するテクニックである。岐阜羽島駅を通過するひかり号のみであるが、この駅をどのくらい早く通過できるかの勝負でもあった。

雪の名古屋駅。到着した列車の足回りの除雪が作業員によって行われた

降雪時期の米原駅構内。初列車の運転通過時はレール面も雪で覆われていた

Episode 6

列車と一体になり、運転に慣れる

はじめは恐怖を感じた高速運転

電車の運転は、走る、止めるという基本動作の連続のなかで、乗客を安全に正確な時間で目的地まで運ぶという使命を担っている。新幹線は時速200㎞以上の高速で走るため、運転士は運転台から眺める高速での速度感に慣れなければならない。私は運転席で初めて時速200㎞の速度を迎えた瞬間、頭上をジグザグ状に流れる架線や、消えかけてはまた現れる線路の段差、そして締めつけられるかのように吸い込まれていく狭いトンネルの入口に恐怖感を感じたものである。幸い運転する0系列車は運転位置が高かったため、高速運転での不安感は少なく、1本の運転士辞令をもらった頃には運転にも自信がつき、その後は運転をする毎日が楽しみであった。

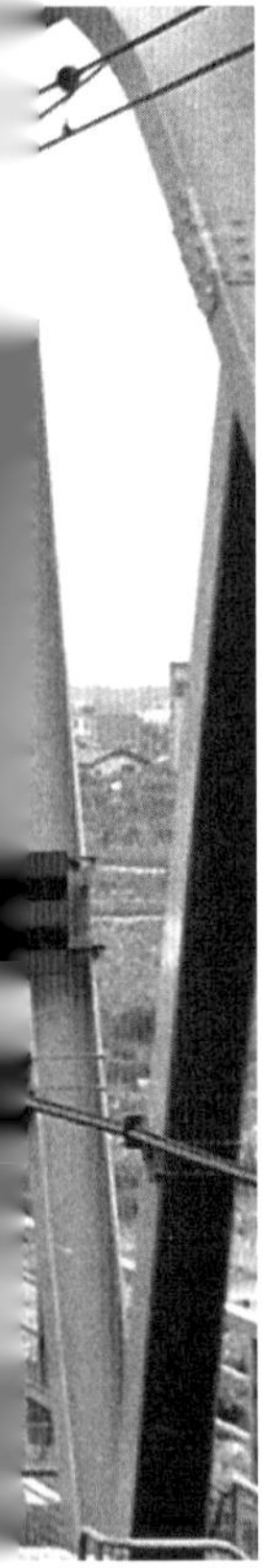

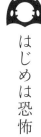

橋梁上ですれ違う「ひかり」号と
「ひかり」号は、もっとも
スピードを感じる瞬間だ

乗車率をも身体で感じる

電車を止める行程では、速度に合わせたブレーキの効かせ具合、そして落ちていく速度と時間のバランスを、身体の感覚で覚えるのも運転士の役目だ。運転経験を積み重ねていく過程で、雨や雪など気象条件に応じた運転の仕方も慣れていく。

「今日の電車はかなりのお客さんが乗っているぞ、発車時はノッチを少し多めに刻まないと遅れるぞ」

やがて、運転士同士お互いにこんな会話を交わすようになる。つまり、乗客数に合わせた列車の走りを運転席で感じとる事ができるようになるのである。

具体的に説明すると、駅を発車するときにマスコンのノッチを前進1ノッチ刻んだ瞬間や、また走行時ブレーキ弁ハンドルを手動で掛けた瞬間には、腰の下あたりに列車の重力がかかる。この重力の違いを身体で感じとり、乗客の乗り具合を察するのである。そして、駅を発車するときの加速力や停車時のブレーキ調整に応用する事で、停止位置を少しの狂いもなく止められる様になる。

このように、運転士は五感の神経をフルに使い運転する列車と一体になる事で、運転に慣れていく。

何分か設定された余裕時分

私が1本の運転士として乗務しはじめた1975(昭和50)年、東京から新大阪間の時刻表での運転時間は、ひかりが3時間10分、こだまは4時間14分であった。運転士の運転行路表の運転時間は、運転する列車により多少の時間のずれはあるものの、時速0㎞から210㎞と速度領域が広いため、ひかり、こだまともに、各駅間は時刻表に定められた時間より何分かの余裕時分が設定されていた。

実際、時速200㎞の高速で東京から新大阪間を連続運転すると、前方に運転支障のある列車がなければ、発車時や停車時の抑制速度を考慮しても、楽に3時間以内の運転は可能であった。運転する列車では、速度とその時の運転状況を判断しながら時間計算をしていく。運転に慣れ気持ちに余裕が出てきた頃、私は定められた運転時間のわずかな余裕時分の空間で、運転を楽しんだものである。

熱海通過を時速30㎞に減速

余裕時分を使った運転でいちばんに思い出すのが、熱海の花火大会見物であった。夏のある暑い日のことだ。

「今日は花火大会を見ていくぞ。」

一緒に乗務するK先輩が、出勤時の挨拶と共に私に話をしてきた。その日は、東京から新大阪間の往復ひかり乗務で、東京から新大阪間のひかりの発車時間は夜7時過ぎ。

「新大阪到着は夜10時をまわりますが、まだ花火大会をやってるところがあるんですか?」

私は先輩に尋ねると、

「熱海だよ!」

東京から三島まで、先に運転ハンドルを受け持った先輩は、東京を定時に発車すると、新横浜を通過してATC信号時速210㎞が出るや否や、マスコンのノッチを最大の10ノッチに刻んだ。そしてATC指示速度以下ギリギリの時速205㎞前後を維持しながら、マスコンのレバーを刻み運転を続けた。

「東京から熱海はひかりの運転時間は36分だ。3分の余裕時分があるぞ」

彼は暴走族のリーダーのごとくにひかり号を走らせた。幸い小田原駅ではこだまの待避がなく4分も早く通過した。熱海手前の南郷山トンネルを抜け城堀トンネルを出ると、熱海駅通過のATC信号160が表示され、急激にATCブレーキが作動し減速を始めた。

「花火大会を見ていくぞ」

レンゲ草が田んぼを色鮮やかに染めると、
沿線にはカメラマンが
富士とのツーショットを狙った

彼は大声で言いながら、作動しているATCブレーキに上乗せするように、左手に掴むブレーキ弁バンドルをぐぐっとまわし、熱海駅へ停車するかのように手動ブレーキをかけたのだ。そして、速度を時速30㎞くらいに減速して熱海駅ホームに進入した。驚いて車内電話を架けてきた車掌には

「花火大会だ。お客へのサービスだよ！」

と答えると、車掌は

「はい、わかりました」

と電話を切ったようだ。

ホーム駅員はきょとんと列車の通過を見ていたが、ちょうど追い打ち花火の真っ最中。ホームの待ち客は花火に見とれていた。ひかり号は熱海駅通過は5分遅れたがその後、余裕時分の調整で最初の停車駅名古屋には定時に到着した。

スローダウンでカメラサービス

　また、こだま号運転時の余裕時間調整の思い出といえば、東海道の風光明媚な富士山がそびえる下り三島駅から静岡駅間の運転だった。当時この区間の運転時間は7分も余裕時分があり、三島を発車して速度を時速200kmに上げて走ると、静岡駅でひかりの待避待ち時間をする時間が約4分あり、合計すると10分以上の長い停車時間になってしまう。ここは、春は白い雪がかぶる富士山を背景に桜の花やレンゲ草が咲き乱れる色鮮やかな風景が展開し、多くのカメラマンを魅了させるところである。そこで乗客にも、また撮影しているカメラマンの皆さんの被写体にも叶うように、余裕時分を利用して速度を時速100km以下のスローな運転でこの区間を走り抜けたものだ。

　現在の東海道新幹線は約4分間隔と、山手線並みの運転ダイヤで、運転時間に余裕時分などは皆無に等しい。これはスローな国鉄時代の懐かしい記憶である。

ＡＴＣ指示信号２１０を受けて、
速度を上げて行く運転台風景

Episode 7

自由席の誕生とともに、大わらわの運転士物語

「こだま号」自由席は超満員に

東海道新幹線に自由席が出来たばかりの頃の話だ。初めて自由席車両が設定された「こだま号」は、始発から東京駅ホームも車内通路も、もちろんデッキまで乗客でいっぱいになる日々が続いた。この時期にこだま号を運転した先輩運転士と添乗検査のふたりから聞いた、乗務体験談である。

その日は大安吉日でちょうど結婚シーズン真っ盛り。ホームは新婚カップルで花を咲かせていた。「こだま号」は東京から超満員の乗客を乗せながら、新横浜、小田原と停車していった。そして次の熱海に着いても降車客は少なく、乗車待ちをする客でホームはいっぱいであった。先輩運転士は各駅のホームに入線する度に、埋め尽くす客の多さを見て、

「まだ乗るのか！　乗れるのか！　まだ乗せるつもりか！」

と、冷や汗気味だったそうだ。

「こんなに沢山の人を乗せて電車は大丈夫だろうか?」

添乗検査も車両の事が気が気でなかった。

悲痛な乗客たちの対応に困る

「ラッシュ時の山手線を運転しているみたいだね」

「まだ山手線のほうが駅間が短いし、ドアも多いから空気も入れ換えできるよ。新幹線は密封された列車で、車内は空調が効くがデッキで立つ人は暑くて大変だな」

運転士と添乗検査の二人がこんな会話をしている時であった。「コンコン!」運転席後ろにある客室内とのドアがノックされた。添乗検査が扉窓のスクリーンを開けると、寿司詰め状態で立つ乗客のなか、おばあさんが汗を拭きながら窓越しに声をかけてきた。

「運転士さん暑くてたまらないんです。この扉を少し開けて下さい」

あまりのおばあさんの苦しそうな顔を見て、やむを得ず運転室扉を少し開けてやったそうだ。0系運転席空調の冷房は、狭い運転台では身体が寒くなる程良く効いた。そこで運転室扉を開放して、客室内デッキに冷たい風を流しながら運転したそうだ。

やがて次の停車駅静岡に到着。

「待避の間にトイレに行きましょう」

ひかり号の待避のため運転士と添乗検査は交代で、ホームを歩き1号車のトイレに出かけたそうだ。ところが、ホームから車内に入ろうとしたがデッキまでいっぱいのお客でとてもトイレに到着出来ない。

「こりゃだめだ」

しかたなく運転台に戻ろうとした矢先であった。その時、二人は待ち構えていたお客からの苦情の嵐に当たった。

「おい何とかしてくれよ!」

「いつでも乗れる。いつでも座れる。お求めやすくなりました。とポスターに書いてあるだろう。どうなってるんだ！」

「楽しい旅の最後を新幹線で座って帰ろうと思ったのに！」

そしてもう一言が、

「在来線の列車をごっそり減らし、新幹線に乗せるようにしておいてなんだこのざまは！」

であった。

「申し訳ありません」

二人はお客に謝りながら運転台に戻ったそうだ。

「こりゃトイレもいけないな。出て行けば文句の嵐だ」

運転士は頭に来て列車指令に電話をした。

「めちゃめちゃの混みようだがどういう事だ。２００％は乗っているよ。乗車券はどのぐらい売っているんですか？　何か故障があっても運転席から一歩も出られません。あらかじめ承知しておいて下さい。」

先輩は、開業したばかりの頃の混雑物語を語ってくれた。私が運転していた時も、デッキまでお客が溢れる混雑列車にあたると、生理現象が近い私は車内のトイレに出向くのにかなり神経を使った。

乗客とのふれあいを楽しめた時代

しかし、乗客とのふれあいも嫌な事ばかりではなかった。営業列車が折り返しで東京始発になる時は車内清掃などで停車時間も長い。その間、先頭1号車前で記念撮影をする旅行客が多い。

「運転士さん一緒に記念撮影をしてもらえませんか」

発車前の運転準備の時ホームに出るとお客さんによく声をかけられ、記念写真のなかに一緒に参加したり、また運転台にお子さんを乗せたりしてお客さんと楽しむ事もあった。その頃は「ひかり号は運転士二人、こだま号は運転士と添乗検査掛と、必ず運転台に二人いて和やかであった。

JR化後は車掌を兼務することに

ＪＲになり新幹線の運転は一人乗務になった。そのため運転士は、乗務前は消化の良すぎる食べ物や水分などを控えめにするなど、生理現象は自己管理して東京から新大阪間の運転に備える。４分間隔という過密ダイヤのなかの運転では、とてもお客さんとホームでふれあう時間などはない。また東京駅で運転する列車の運転乗り継ぎも、短時間で引き継ぎが出来る「電話乗り継ぎ」がほとんどになった。それまでの乗り継ぎは、上り列車の先頭である16号車で運転してきた乗務員と「運転状況・車両状態」の報告確認などを直接行い、下り先頭１号車までホームを移動して運転準備をするという、時間がかかる乗り継ぎであった。

最初から下り先頭１号車前で到着する上り列車を待ち、それぞれの運転台からおたがい電話で引き継ぐのが「電話乗り継ぎ」である。また運転士は車掌も兼務するようになった。

国鉄時代からの運転士は、電車の修理、検査そして運転技能とメカニズムの習熟に徹した技術家で俗に言うぽっぽ屋である。それは感情が揺れ動く人間と接する車掌という営業の仕事とは天と地の隔たりがある。

１９８７（昭和62）年国鉄民営化を境に国鉄からＪＲに移る時期、それまで東海道新幹線を運転していた運転士にとっては激動のときであった。三島の教習所では、車両模型の中で乗客役と車掌とのロールプレイングをするなど訓練をして車掌職を実践するのだがなかなか馴染まなく、その苦労は並み大抵ではなかったようである。電車そのものは機械なので自分の意思や命令には逆らわないが、人間はひとりひとり考えも違い性格も違う。

それ以上にお客とのやりとりは大変だ。

「窓が汚い」「エアコンが効きすぎて寒い」向こうに座る客の声がうるさいから静かにさせろ」「私達のまわりだけが混んでいるのなぜだ。」

など、お客の厳しい指摘に耐えながら、国鉄あがりの運転士達はしだいに車掌職に慣れていったのである。

静岡駅に停車中の
0系東海道新幹線こだま号

Episode 8

困った相方の驚くべき定速運転!?

優れたＡＴＣのある今の新幹線

最近の自動車の安全に対する技術進歩はめざましいものだ。オール自動運転までいかないにしても、衝突を防止する機能がつく車が多くなった。また一定速度を保つ自動速度設定装置はもう数年も前から採用されている。この自動車の衝突防止機能は、新幹線でいえばＡＴＣ装置に該当するだろう。

自動列車制御装置と呼ぶＡＴＣの仕組みを簡単に説明すると、３㎞区間ごとに絶縁されている新幹線の軌道に設けた地上装置から、この区間は線路が曲がっているとか列車が停止しているなどの情報を地上信号で、後ろを走行中の列車の車上装置に送り届け速度制御をさせるのである。

運転士は運転台に送られてきた信号の指示速度を越えないように、主幹制御器のノッチを調整しながら定められた時刻通りに運転をしていく。私が０系列車を運転していた国鉄当時は、指示速度信号が２１０、１６０、１１０、70、30と、前方の列車との間隔に合わせ段階的に変化をしていった。その頃の新幹線の運転間隔は20分位だ。それに比べると今はなんと5分を切る過密ダイヤだ。

新ＡＴＣシステムでは、軌道地上子からの速度指示信号も、２７０信号から時速30㎞にいきなり速度を落とされる一段制御になるなど、過密ダイヤに合わせた信号システムになっている。そしてＮ７００Ａなど最新の列車は、電動機（モーター）も高性能になり加速力やブレーキの効き具合も０系と比べ格段の差である。運転時間に余裕時分がない今は、運転士は少しの遅れでも加速力を利用して走らせ、遅れた時刻を回復する運転に務めている。

Ｎ７００Ａの安全のヒミツ

列車ダイヤが混乱した時の為につくられたのが定速走行安定装置だ。この装置が設置されているのはＮ７００系１０００番台と４０００番台車両だ。それはＮ

700の横に大きくAと表示されたオリジナルのN700A列車だ。Aはアドバンスド(Advanced)、つまり〝進化した〟と言う意味の頭文字をとっている。この定速走行安定装置を使う条件は、前進の指示信号が時速31㎞以上で速度も同様に時速31㎞以上。レバーサーは前進位置、ATCブレーキやマニュアルブレーキもかかってはいけないということ。列車が遅れている時には定速スイッチを入れておけば、先行列車との間隔を保ちながら速度を調整して走るという、運転士にとっては高速運転での労力を軽減してくれる優れものだ。

そういえば国鉄時代私が0系列車を運転していた頃、定速運転制御のような運転をする運転士と組んだことを思い出す。その頃の「ひかり」号は運転士が二人で東京から新大阪まで交代で運転をした。ある夏の暑い日。一緒に新大阪まで運転をする相方は、運転前の乗務点呼の時から寡黙な人で挨拶すら無言であった。東京から新大阪まで3時間10分の「ひかり」号の運転乗務は、組む相方によっては気疲れがググっとでたもの。おまけに泊り勤務では往復ともに一緒が多いので事前に相方の名前をチェックして、相性の悪い運転士とわかったら前もって勤務行路を変更したものである。

運転は相方が先行で三島までハンドルを受け持った。ひかり号は東京駅を定刻通りに発車。互いに運転行路表の時間と時計の時刻を確認しながら読み合わせて行くのだが、相方は東京発車は無表情で、

「マル！」

とただその一言であった。

東京駅を出発して新横浜まではカーブの連続で、70、110などの速度制限が続きノッチからは手を離す事はできない。新横浜でやっとATC210信号の指示が出た。0系の速度を調整する主幹制御器は刻みが10ノッチまであり、この時速210㎞の指示信号が初めてでる箇所ではほとんどの運転士は10のフルノッチを入れる。ところがその相方は5ノッチで止めたのだ。車に例えばアクセルを中間にして固定したような事。その後相方は、マスコンを操作する右の手とそしてブレーキ弁ハンドルを操作する左手を離し、両手を組みながら寛ぐようなリラックスした姿勢で外の景色を眺めはじめた。

0系の定速安全走行!? 秘話

私はその姿をみて唖然としてしまった。その後、私と運転交代をする三島まで、この相方はマスコンもブレーキハンドルもさわらずのんびりと運転を続けたのであった。

この間、幾つもの登り下りの勾配が続くが、下り勾配で列車の速度がATCの指示信号より速くなりATCによる強制ブレーキがかかっても、また、登り勾配で速度を上げる指示信号が出てもノッチを上げもせず景色を堪能していた。まるで現在のN700Aに設置された定速制御装置を機能させていたかのような運転の仕方であった。やがて、丹那トンネルを抜け三島駅構内が見えた頃、相方とハンドル交代をして私が運転席に座った。三島駅は3分の遅れであった。交代した時の相方の言葉は、3分遅れ。無表情にその一言だけであった。その後、相方は豊橋から米原までの運転区間担当も5ノッチ制御で、関ケ原の長い上り勾配での運転に私は遅れ時間を気にしながら相方の運転を見守った。結局新大阪駅には定時に到着したのであるが、相方の運転は、定速運転操作だったのかたんなる手抜き運転であったのか、今もその状況が脳裏に浮かんでくる。

0系の運転台。速度計の上部には30、70、110、160、210と車内信号機の指示速度が表示された

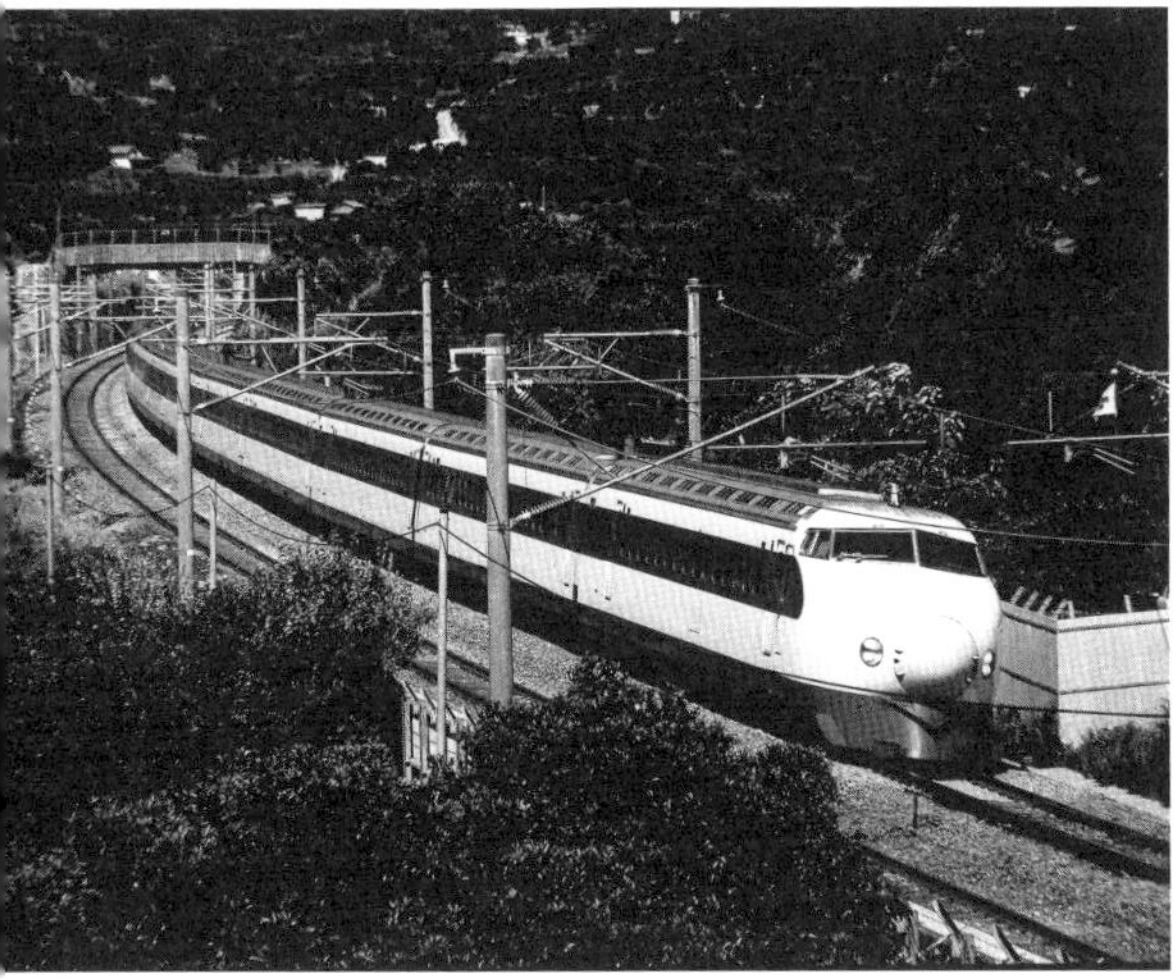

東海道新幹線を走る0系「ひかり」号。当時の「ひかり」号は東京〜新大阪間を3時間10分で結んでいた

「ひかり」号は東京〜新大阪間を二人の運転士が交代しながら運転していた。運転席で著者がハンドルを握り、相方の運転士は右側の助士席に座る

Episode 9

国鉄時代ならではの0系新幹線運転士のグルメ

二人運転の「ひかり」だから運転台で食事ができた

民間のJRになった現在、東海道新幹線は東京から新大阪間の所要時間が「のぞみ」号で2時間半と縮み運転もすべて一人乗務となった。一人乗務の場合は代わりがいないため、乗務前の食事はお腹をこわしたりしないように生理現象に注意をはらい、なるべくトイレには行かないように身体の調整をしなければ行けないため、JRの運転士たちは運転前の美味しいグルメは期待できない。

国鉄時代は「ひかり」号の運転は乗務員が二人。お互いに交代しながらの運転では、生理現象も気楽に済ますことが出来た。それに飲食も気を使う事があまりなかった。

東京の運転士の乗務は東京から新大阪までの区間の運転で、主に午後の東京駅始発の下り列車を運転。そして新大阪や大阪鳥飼にある大阪運転所車庫や、近距離運転では名古屋などに宿泊。翌日午前中の新大阪や名古屋から上り列車を乗り継ぎ東京まで運転する勤務行路だ。

　運転士は乗務点呼を済ませると、東京駅各ホームのいちばん上野寄りの先頭16号車で上り列車を運転してきた列車の運転士と乗り継ぎ交代をする。列車は発車まで車内清掃や点検を行うのだが、われわれ運転士はブレーキ弁ハンドルを引き継ぐと、下り先頭1号車まで約４００ｍの距離を列車に沿ってホームを歩いて行く。

　歩く途中、とおりかかるビュッフェ車両や、ひかり号での食堂車車両横では車内販売やウエイトレスなど女性スタッフが忙しく荷物を車内に積む作業などをしている。

　私達乗務員の顔を見ると、女性スタッフの皆さんは仕事の手を止めて笑顔で挨拶をしてくれる。運転する列車が食事時間に当たる時間帯のときはスタッフに声を掛けて食事の注文もしておくことがあった。

「すみません運転台ですがお弁当をお願いします。」

「はいわかりました。ご連絡ください。」

食堂車スタッフに声をかけておき、食事のメニューは乗務してから連絡電話で注文するのだった。「帝国ホテル」、「ビュッフェ東京」、「日本食堂」、「都ホテル」と、各食堂営業会社によってメニューやサービスに違いがあるが、運転士には選ぶ楽しみがあった。

例えばお昼時間の11時発車のひかり号は新大阪駅到着が14時10分だ。3時間10分の「ひかり」号の運転ではちょうど昼のランチタイムにあたるため、必ず昼食のお弁当を作ってもらうことが多い。メニューで私がとくにお気に入りのお弁当が「ビーフシチュー弁当」と「うなぎ弁当」で食堂車特製であった。金額は500円～800円ぐらいだ。そして、帝国ホテルと都ホテルのお弁当が特に好きで、運転士たちには人気があった。

注文は運行中業務電話で食堂車に

注文は東京駅を発車し新横浜をすぎたあたりで、ビュッフェまたは食堂車に業務電話をする。こんな電話の会話である。
運転台「もしもし8号車食堂ですか。」
8号車食堂車「はい、食堂車ですが」
運転台「1号車運転台です。お疲れ様です。ビーフシチュー弁当とうなぎ弁当をお願いします」
8号車食堂車「はい、わかりました。のちほど運転台にお届けいたします」
運転台「よろしくお願いします」
そしてその後、熱く大変美味しいお弁当をウエイトレスの方が運転台に届けてくれるのだ。
0系の運転台のカウンターを食卓テーブルにして、180度のパノラマ風景を見ながら昼食グルメを堪能した。
新大阪発の早朝の「ひかり」号運転では朝食弁当を作ってくれた。私が好んだ朝食のスペシャルグルメは「特製ハムサラダ弁当」で、ぶ厚いハムがたくさんの野菜と共に盛られて美味しいもの。京都の音羽山トンネルを出た頃に届けられると、近江平野を眺めながら味わったことを思い出します。

なおドリンクといえば、ワゴンを引く車内販売の売り娘さんは、先頭の運転台後ろのデッキ通路に来るとワゴンの向きを変える。その時に運転台入り口のドアをノックしてくれるものだった。

「ビュッフェですが、ドリンクはいかがですか?」

これは運転疲れにとコーヒーやジュースのサービスだった。

運転士はお礼に運転台からの景色を見せてあげたりすることもあった。運転士の仕事職場は男ばかりなので女性に縁がない職場。コーヒーサービスの可愛い独身女性と知り合い、お付き合いをして結婚した運転士もいたりするなど、ドリンクが結んだラブロマンスが実際にあったものだ。

国鉄時代、新幹線運転士の特性グルメ弁当やコーヒーサービスなどの思い出は、今のJRでは考えられないほっとするグルメだった。

もうひとつ0系運転当時の東京駅グルメを紹介しよう。食事時間前にあたる運転では、東京発車前は東京駅構内の行きつけのグルメ店で食事を済ませる。特に人気があったのが、店名こそ記憶が薄れ覚えてはいないが、ニンニク抜きのギョーザ専門店、何杯でもお代わりが出来る麦とろのお店など、八重洲北口の地下店舗は運転士達の食事処で、私も顔馴染みになるくらいに通った。

浜名湖橋梁を渡る。東海道新幹線の運転台からは絶景

Episode 10

夜の三島回送で遭遇した恐怖

終電後、三島へと回送列車を走らせた

夜暗い時間帯の乗務は明るい日中の運転と違い運転の楽しさが半減するものだ。前方を照らす標識灯のあかりを頼りに時速200km以上の高速で走る視界はトンネル内を連続して走る景色とよく似ている。前照灯に照らされたレールの道を見つめ、ATCの信号指示にあわせて主幹制御器のノッチをカチカチと上げ下げしながら走る。運転台の窓からは見慣れた車窓の景色が闇の世界となって流れていく。

7月の暑い日だった。その日の運転所出勤時間は夜の20時半。1時間後の21時32分発の東京止まりの「ひかり」号を回送列車で東京から三島の車庫まで運転する仕事であった。

その晩は三島の車庫に泊まり、翌日は再び回送列車を東京まで運転する行路内容である。

回送列車はお客は乗っていない。東京でお客が降りたらそのままの状態で車庫に入り、車庫で清掃や車両点検を済ませる。車庫から出る回送列車は、お客がすぐに乗車できるように整備された状態で東京駅に入り始発列車になるのだった。

博多から走ってきた「ひかり」号は、東京駅で乗客が下車するとすぐにドアが閉まった。私は運転席に着座して運転整備をすませると東京駅のATCの開通信号70が出るのを待った。三島までの回送列車はこだま扱いのため各駅に停車していく。東京駅が終点で到着した列車には、乗車してきたお客が拝読した新聞紙や週刊雑誌ほか、お客様の捨てたゴミや忘れ物で溢れていた。

三島までは添乗検査が運転台助手席に座る。運転席で信号待ちしていたところに運転室扉を開け馴染みの高橋添乗検査が入ってきた。彼は手に数冊の週刊誌を持っていた。

「16号車から車内を歩いてきたんだが、きょうの客席は週刊誌が山ほどあったよ。私は後ろの座席に座っているね。」

高橋検査は私に声を掛けてきた。

「高橋さんどうぞゆっくりしてください。」

私は気軽に返事をすると、彼は運転室から出て1号車車内に入っていった。

速度計の70キロ表示の上にあるランプが点灯した。発車しても良いという開通信号である。発車オーケーだ。列車の客室ドアは閉まっているので、回走列車は時間がきたら発車オーケーだ。

「閉じめ点灯、信号70、時刻よし。」

私はブレーキを緩めて前進のノッチを刻むと定刻通りに発車した。

回送列車は多摩川を渡り新横浜を予定時間で到着して発車した。その時であった。

「〜ピー」

列車司令からの無線電話の音が鳴り響いた。

「はい、こちら565A、運転士東京運転所のにわです」

「列車指令の鈴木です。ただ今、前列車の報告で42キロ付近で人らしき飛び込みがあったようです。徐行して確認お願いします。」

突然に列車指令から人身事故の確認の指示を受けた。

突然起こった人身事故その現場をゆっくりと走った

新横浜を過ぎると新幹線の線路両岸は、住宅地が上から眺めるように建ち、切り通しの高い壁が続く。新幹線線路は壁の下で跨ぐように跨線橋がかかっている。東京から40キロを過ぎたころ私は手動ブレーキを使い速度を時速70km以下に落とすと、運転席窓ガラスに顔を近づけゆっくりと地上の線路を確かめていった。1号車に休んでいた高橋添乗検査も運転席助手席側から線路を見つめていく。

「あ、固まりのような物が前方にあります。」

運転台窓から指をさして高橋検査に声をかけた。

「あれかもしれないです」

「それくさいね。」高橋検査も答えた。

前照灯に照らされた1m未満の赤黒い物体をみて、私は身体中にゾクゾクとした気持ち悪さがはしる。」

私は早速無線電話を手に取ると列車指令に報告した。

「565Aですが、遺体らしきものを43キロ200メートル付近の下り線路右側に発見しました。」

「了解しました。565Aはそのまま走行してください」

列車指令に現場地点の報告をすると、ATC信号が210に出ているのでノッチを10まで上げ時速200㎞の速度で三島に向かった。

三島駅ホームには約15分遅れで到着した。そしてホームで高橋検査と車掌は降りた。

この後は、列車を車庫に入れる作業が待っている。

三島駅ホームを出ると、列車を止めておく電留線の横を走りその西側の端の高架橋上に列車を走らせて、折り返しで三島の車庫に入れる。

三島駅ホームを発車すると、ゆっくりと時速30㎞の速度で西側の端の高架橋の上に停車した。

ここで一旦ブレーキ弁を抜き取り、後部16号車運転台まで400m、車内を歩いて行く作業がある。

時刻は夜22時をすぎていた。この列車には私一人しかいない。先ほど人身事故の確認をした後か、思い出しては再びゾクゾクと寒気がしてきた。私は身震いを我慢しながら、真夜中の無人の列車内を早足で移動した。

その後、夜の一人運転をするたびに三島回送運転時のことが思い出されるようになった。そして真夜中の無人列車内の移動も寒気がするものだ。

新幹線の線路は立ち入りができないように厳重に柵ができている、どこから侵入するのか人身事故がある。

一度人身事故に当たった運転士は2度も重なることが多いという。

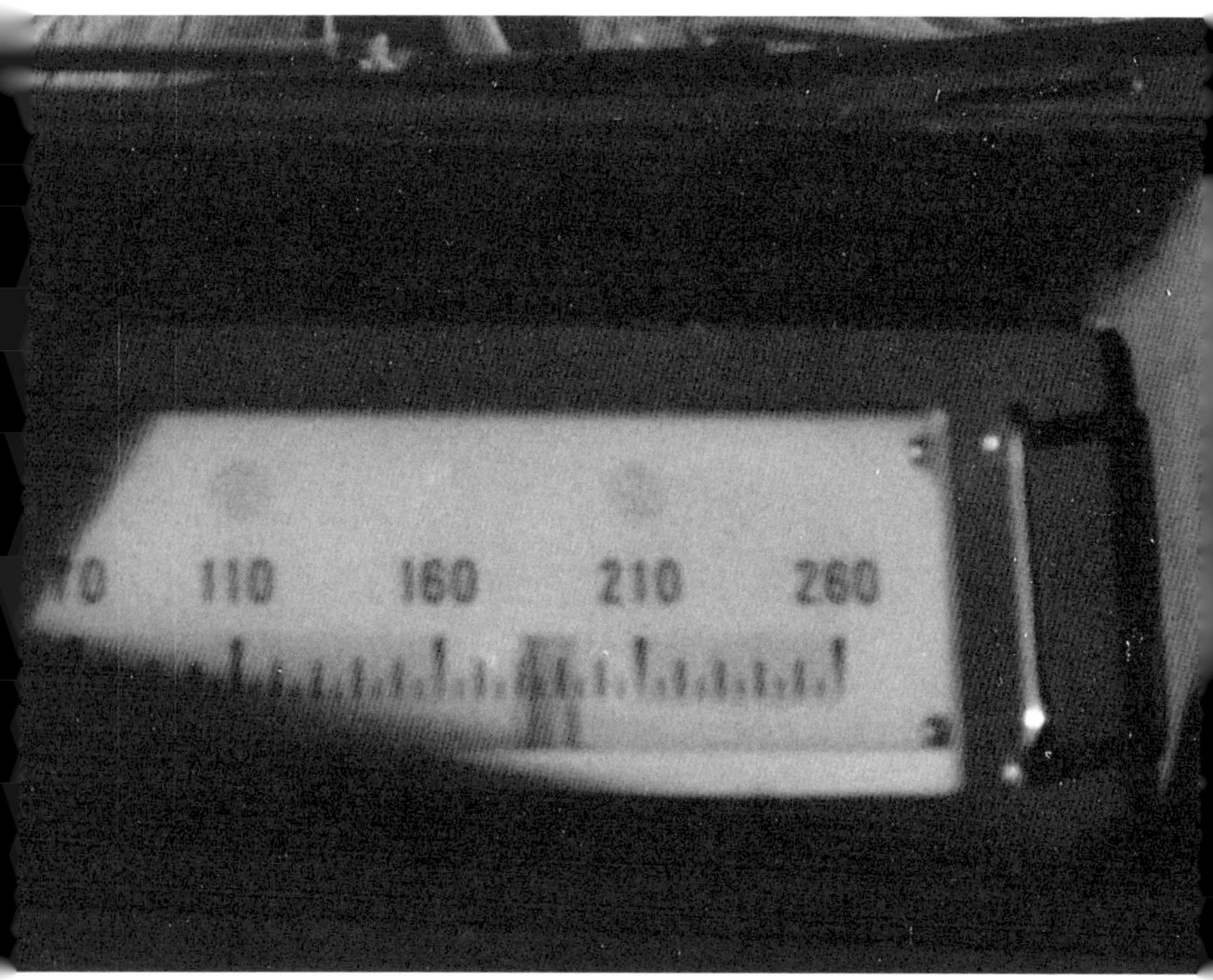

時速210㎞で走行中にATC指示信号160を受け、ATCブレーキが作動して速度が下がっていく速度計

Episode 11

国鉄ぽっぽや運転士が、なんと車掌に！

JR化で車掌兼務になる

1987(昭和62)年国鉄が分割民営化でJRになったばかりの頃の出来事である。JRになり新幹線の運転士も車掌という営業の仕事を兼務する勤務体制になった。国鉄からJRに移った運転士たちは早速車掌の仕事を覚えなければならない。その訓練期間といえば、三島のJR教習所で車掌研修1カ月、そして車掌見習い1カ月という短さであった。1グループ20人程で交代に特訓を受け、私の先輩である高橋運転士(仮名)もその中のひとりであった。

彼は憧れて就いた鉄道人生のなかで予想もしなかった車掌職をする事になったのだ。何故なら彼は営業という対人間相手の仕事は、自分のいちばん不得意としていたからであった。新幹線に乗務する車掌は1編成3名。グリーン車両とその後部1両を除く最後部までの車両の客扱いと、停車駅でのドア開閉扱いをする運転車掌、グリーン車両とその前の1両を除く先頭車両までの車内改札などの客扱いと、車両検査業務も務める中乗り車掌。そしてグリーン車両とそれを挟む前後の車両の客扱いを行う車掌長で構成される。高橋運転士は、几帳面でまがった事がきらいな性格。在来線から転換で新幹線の運転士に移った彼は、俗にぽっぽ屋と言われる、電車の運転やメカニズムに関しては誰にも負けないと自負する一徹人間であった。

譲れない指定席のルール

4月初旬、車掌業務に着いて3回目の乗務の時である。学校は春休みで、東京駅の新幹線ホームは子供を連れた家族連れで混みあっていた。この日の高橋は運転車掌担当で、乗務する列車は昼過ぎに東京駅を発車して、新横浜駅停車後は名古屋までノンストップで走るひかり号であった。新横浜駅で発車のドア扱いを済ませると、さっそく16号車から車内改札を始めた。通路ドアを開け車内に入ると、左手で帽子を取り軽く一礼をする。

「早速ですが乗車券を拝見させていただきます。」

指定席車内は見渡す限りほぼ満席であった。「失礼します・ありがとうございました」とお客様の一人一人に挨拶をしながら検札を済ませていった。やがて車内中程の座席にさしかかった。3人並びのA・B・C席には若いカップルとその隣の席に小学生くらいの男の子が座っていた。

「乗車券を拝見させていただきます。」

高橋の声かけに、真ん中の席に座っていた父親らしき男性は、高橋からの目を反らすようにしながら右手できっぷを差し出してきた。

「失礼します。」

高橋は渡された乗車券と指定席券を確認した。見ると乗車券と指定席券は大人2枚分だけであった。

「お子さまの乗車券、指定席券はお持ちですか?」

高橋がお客様に問うと父親は、

「まだ6歳以下だからただではないのか?」

と答えてきた。規定では6歳以下の子供は大人一人につき二人まで無料で乗車させる事ができる。

「はい、おっしゃるとおりです。わかりました。ただ、お子さまのお座りになっている席は座席が指定になっておりますので、申し訳ありませんがお子さまはお父さまのお膝元に乗せて下さい。」

高橋はお客にこう伝えた。

「ここに座るお客が来るまでいいじゃないか!」

お客の返答に、

「申し訳ありませんがそれでしたら乗車券、指定席をお買い求め願います」

高橋は躊躇せず答えた。お客は高橋の言葉に頭にきたようで、

「なんだ。そんなかたいことを言うな!」

「申し訳ありません。規則です」

高橋は決められた規則は曲げる事をしないで対応をした。男性客は高橋を睨み

品川駅に隣接していた、東海道新幹線の品川車両基地。ここが運転士や車掌の勤務地だった。今は東海道新幹線品川駅ホームとなっている

つけながら、仕方なく子供を膝元にのせたのであつた。

トラブルになりがちな回数券

指定席での客扱いでは、指定席回数券の処理でのトラブルも多かった。指定席回数券を使用する時は、利用客は乗車する前に駅の窓口で回数券を提示して、乗車する列車の指定席券を発行してもらい乗車しなければならない。ところが列車に乗り込んでから指定席回数券を見せ指定席を利用しようとする客がある。高橋は、乗車してから指定席回数券を掲示して指定席を確保しようとする客がいても、規則として指定席は与えず必ず自由席へ移動をお願いした。しかし「はい、わかりました」と、黙って自由席に移った客ばかりはなく、口論の末に移動させた客が多かったようである。車掌業務のとき、お客との口論がしばしばあり、お客からの苦情報告で彼は運転所営業部所から呼ばれ幾度か注意されていた。

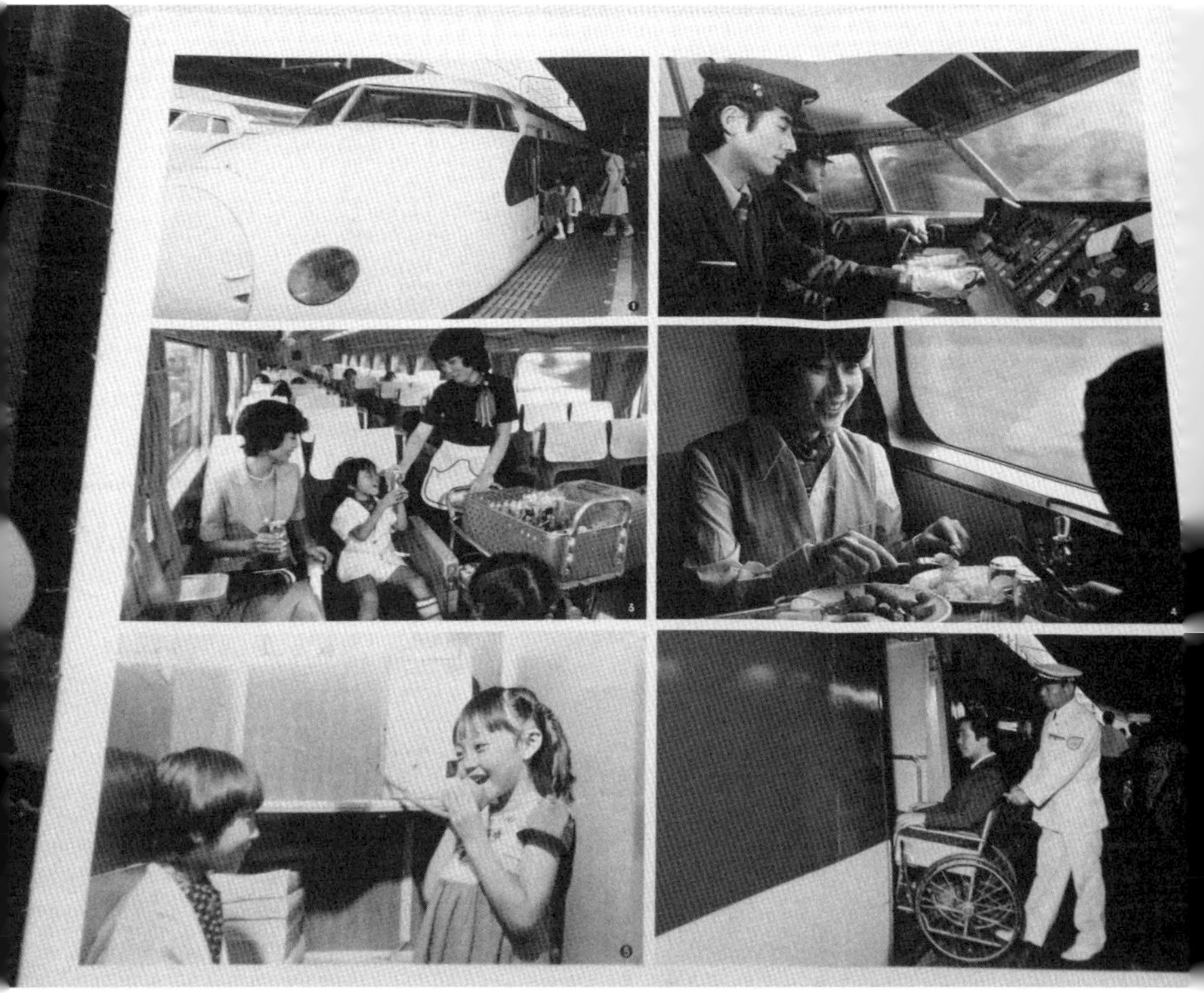

国鉄時代の海外向けパンフレットに登場した筆者。車掌をはじめ、車内で働く様子が世界へ伝えられた

運転士、車掌ともプロだった

安全に時間通りに列車を目的地まで運転をする運転士は、常に運転機器と時間との戦いで神経を使う仕事。当然少しの譲歩も許されないものだ。こんな運転士経験者の彼は、それまでの仕事の規則を接客に当てはめただけの事で、お客に言ったことはけっして間違いではないのである。しかし国鉄時代から車掌をしている者は、お客相手のプロである。どんな状況の時でも、お客のわがままも上手に聞き入れ、多少の目をつむるようだ。つまり指定席が空いていたら次のお客が来るまで黙って乗せたり、回数券の客の場合は、空いてる指定席を探して提供するようだ。

国鉄時代からの運転士達はＪＲに移行する激動の時間を、天と地ほど違う仕事の変化に耐えながら働いた。各人仕事内容には向き不向きがある。高橋は車掌兼務をするようになってから1年余りでＪＲから職を離れた。

Episode 12

おもてなし名物車掌の、接客の極意

おもてなし心の名物車掌

多くの乗客を乗せ、高速でしかも安全に決められた時間通りに走らせる新幹線電車の運転は、常に神経を使った緊張の連続である。しかしその反面、東海道新幹線運転台の180度に広がる車窓には、この緊張感をほぐしてくれる素晴らしい風景が展開し、運転する楽しみも与えてくれる。

下り列車の運転では、三島から静岡間で右手に望む富士山の雄大な姿。浜名湖橋梁を渡るときの湖畔の美しい自然風景。関ケ原に向かう長い勾配を登りきると目の前に姿を見せる伊吹山、そして、近江平野ののどかな田園風景など。なかでも、静岡県の田子ノ浦付近を走るときに快晴の空の下に聳える美しい富士山の姿は、列車に乗っている乗客達も目の虜にさせるものである。

新幹線電車の乗客に車窓に展開する風景をもっと楽しんでもらおうと、おもてなしの気持ちで沿線の案内をした名物車掌さんがいた。国鉄時代からJRにかけ

33～63歳までの30年間、東海道新幹線の車掌乗務をした坂上靖彦氏だ。接客が何よりも好きだという彼は、「日々の車掌勤務が楽しみで〝自分の天職〟です」と私に話してくれた。

車内放送をするときは決められた放送マニュアルの他に、お客様を喜ばせるための台本を自身でつくり持ち歩いていたそうである。特に富士山が姿を見せるときにはベストなタイミングで乗客へと案内しようと、本来車内放送は8号車グリーン車にある車掌室で行うものを、車内巡回中なら各車両のドア近くの配電盤扉に設置された業務用電話を急遽使ってでも案内するのが、坂上車掌ならではの乗客への気配りであった。

思いやりにあふれた車内放送

彼の案内する富士山の紹介放送とは、「おやすみのお客様には誠に恐縮ではございますが、進行右側の車窓をご覧ください、今日も日本一の山、富士山が美しい姿を見せております。電車は間もなく富士川の鉄橋を渡ります。この辺りからご覧いただけます富士山の姿は東海道新幹線の見どころのひとつでございます。どうぞごゆっくりご鑑賞ください。」

「おやすみのお客様には誠に恐縮でございますが……」と一言トーンをおとし、歯切れよく優しい声で放送をする坂上車掌の案内には、眠りについているお客もそっと眼を開き富士山の美しい姿に見入ったそうだ。

2003(平成15)年12月末のこと。快晴の空の下に富士山が姿を見せた日であった。思いやりいっぱいの世の中をつくろうと、いい人いい話を求め各地を回っていたコラムニストの志賀内泰弘氏は、この日たまたま乗り合わせていた新幹線で彼の放送を耳にすることとなった。そして志賀内氏は放送を聴くやいなや、感動してすぐに車掌室に駆けつけてきたそうだ。そして、坂上車掌の思いやりアナウンスの話を自身の著書に執筆したのである。

東海道を九州まで走った名高いブルートレイン「富士」号や「さくら」号の列車

ボーイ、湘南電車の車掌など数々の車掌経験を積み重ね新幹線に乗務した坂上氏は、接客でもおもてなしのプロであった。お客様の望むことに対し、いち早く理解し応えてあげるサービスを心得ていると仕事も楽しいもの。そのことに気づいていない人は三流、気づいても行動しない人は二流だと彼は話す。一編成で約1300名の多様なお客が乗車する新幹線電車は、現在わずか3名体制の車掌で運行する。乗車するお客のなかには無理難題を求めてくる人もいる。そんなお客にも彼は怒らせずに解決をして来た。

熟練車掌ならではの接客魂

その坂上流の苦情処理をいくつか挙げてみる。ある日の車内でグループ客が大きな声で騒いでいた。同じ車内に乗車していたお客が、

「あそこのグループ客の声がうるさいから静かにさせろ!」

こんな事を要求してきた。坂上車掌はいつも持ち歩くメモ用紙を手にとると、申し訳ございませんがお客様少しトーンをおとしてお話しいただけますか？ とメモ用紙に書いてグループ客の一人に渡した。グループ客は渡されたメモの内容に理解を示すと話し声は静かになった。直接声でお願いするよりも紙に書いて伝える事が理解してもらうコツのようだ。

こんなお客もいた。有名な放送作家Aさんが乗車した。車内改札の時であった。

「恐れ入りますが乗車券を拝見させていただきます」。

するとAさんは坂上車掌にむかって、

「駅の改札で切符を検札していてまた車内でも見せなければならないのか！ 検札する規定があるなら規定の何条か答えてみろ。」

Aさんの問いかけに坂上氏は躊躇せず笑顔で、

「はい、車掌規定228条1項2項に検札義務の規定があります。」

坂上氏が説明するとAさんはただ黙って納得したそうだ。車掌同士の間では手を焼かされると噂になっていた有名人との遭遇であった。

坂上氏は長年の車掌人生の中で培ったサービス精神から、〝三変主義〟という解決方法の極意を見いだした。

一、頑固なお客様には人を変えて応対する

二、カッカして頭が熱くなっているお客様には時間を変えて説明する

三、多くのお客様の中で対応しにくい時には車掌室に来ていただき場所を変えて応対する

これが坂上車掌のサービスの原則である。坂上車掌の心温まる接客に感動して彼のもとに届けられたお客からの御礼状は300通以上で、警察から感謝状も受け取っている。彼の定年退職時には、その素晴らしい接客の極意を引き続き指導してもらいたいと、後輩の育成をJR東海から依頼され、その後も車掌長乗務をしばらく続けたというほどの達人車掌であった。

現在はこれらの経験を伝えるため、おもに地元の小中学校の道徳授業の講師として活躍している。

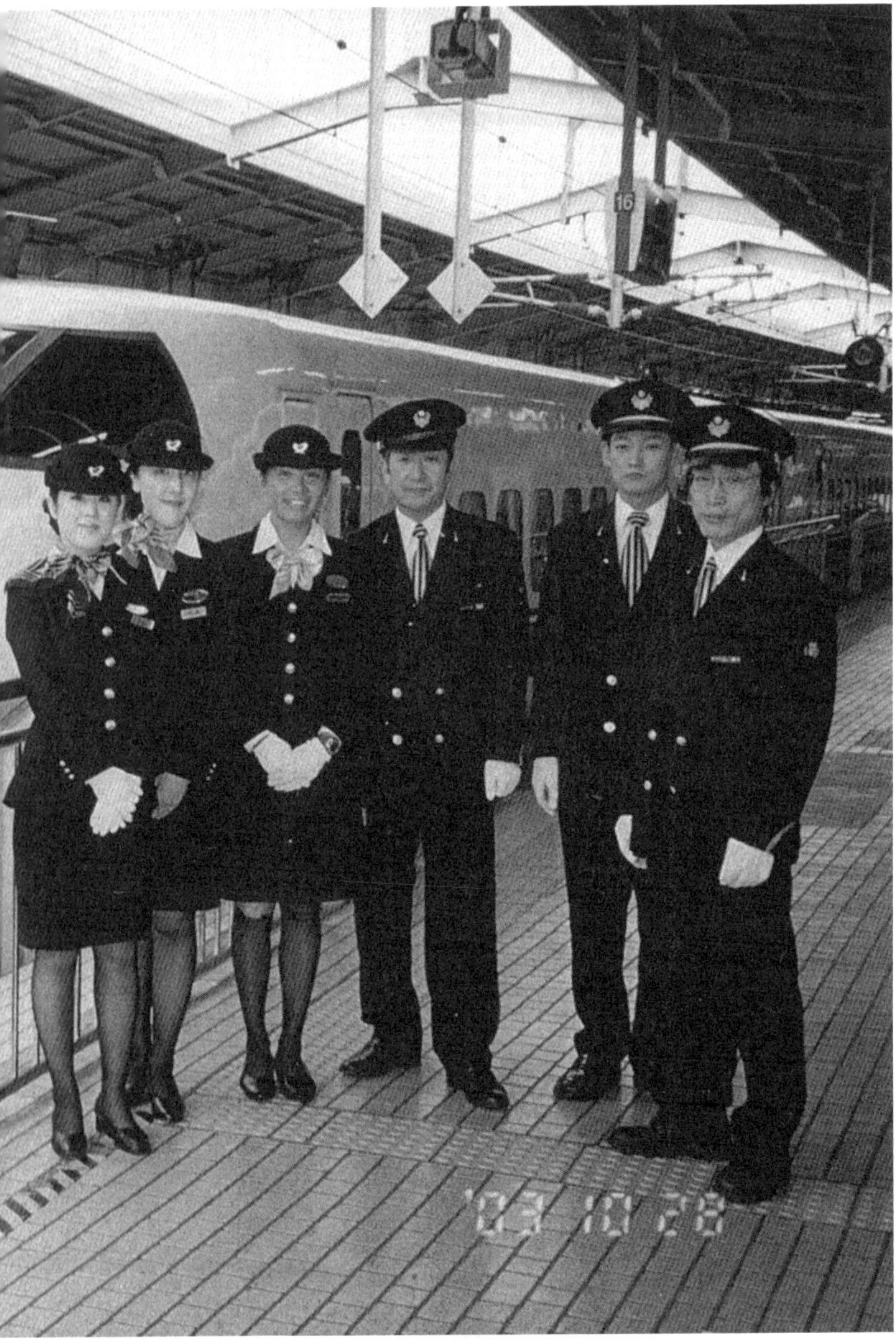

乗務する東海道新幹線300系を前に、車掌仲間と撮影した2003年の1枚。
右から3人目が坂上さん

発車する300系「のぞみ」号に乗務する坂上さん。安全確認はもちろん、乗客への気配り、もてなしにも手を抜かなかった

Episode 13

強引な要求を迫る、怒れる乗客たち

遅延した新幹線の乗客

ＪＲになってから電車の運転士が乗客とコミュニケーションをとる機会がかなり少なくなった。私が新幹線電車を運転していた国鉄時代、東京駅のホームで発車前の列車の運転準備をしている時、「運転士さん写真を撮って下さい」などとお客によく声をかけられ、一緒に記念写真の中に入ったりしたものだ。さらには子どもを運転台に乗せてあげたこともあり、今では考えられない穏やかな時代がそこにはあった。

また、接客とはいえないが、運転中に乗客との危ない出来事もあった。あれはゴールデンウィークで混み合う休日、東京から下り「こだま」を運転中の出来事だった。

浜松を発車して浜名湖を過ぎたあたりを運転中、列車指令から先行している「ひかり」が車両故障で停車したという報告が入った。後続列車はその後、速度を落として走行。私の運転する「こだま」も、ATC信号の指示に従って時速30～70㎞とかなりゆっくりとした速度に落とし走っていた。その時であった。突然運転室の出入り口扉が開き、

「なにモタモタして走ってるんじゃ、サッサと速く走らんか！」

作業服姿の男が大きな声をあげて侵入してきた。後から気がついたことだが、実は運転中にうっかり運転室に入るドアのロックを忘れてしまっていたのだ。

思わぬ侵入者に私と同乗の検査は、呆然としながらただ無言のまま男の罵声を聞いていた。その間10分ほどであっただろうか、男は自分の言いたいことを言葉で晴らしたら、客室に戻って行った。

私は急いで運転室入り口扉に鍵をかけると列車指令に状況を報告した。やがて豊橋駅に到着すると、ホームでは数人の鉄道公安官が待ち構えていて、停車してドアが開くと同時に列車に乗り込み、運転室に侵入した男を連行していった。運転する我々のドア管理ミスもあり、ヒヤリとした出来事であった。

個室を要求する強面の客

名物車掌の坂上さんもまたヒヤリとしたお客さんとの体験を語ってくれた。それは2階建て車両で個室も設けられていた100系新幹線で、東京へ乗務したときのことであった。新大阪発車5分前の「ひかり」で、車掌長の坂上さんはグリーン車の車掌室で発車の案内をするため放送スイッチを入れた。

突然、車掌室の扉が開けられ男が声をかけてきた。

「東京まで行くのだが個室は空いていないか?」

「申し訳ありませんが本日は東京まで個室はすべて予約が入っております」

坂上さんは丁重に返事をしたが、男は空いている個室がまだあるではないかと不満そうな口調で話してきた。

「空いている個室のお席は京都から予約のお客様がご乗車されます」

JR東海時代、夏の白い制服をまとって「ひかり号」の乗務に就く坂上さん

と坂上さんは答えた。すると突然男は、

「京都からの客を断わって俺にあの個室を用意しろ！」

と無理難題を押しつけてきたそうだ。そして何度もお断りの話を繰り返すうちに男は、

「生意気だ、ぶっ殺してやる！」

と大声で脅してきた。たまたま車内放送のスイッチが入った状態だったので、坂上車掌長と男との会話は「ひかり」の全車両内に聞こえていた。男は自分の声が車内に聞こえていることが分かるとヤバいと思い、興奮を抑えぬままにグリーン車の自分の席に戻って行ったようだ。

このとき食堂車の従業員が車内放送を聞いていて、〝大変だ、車掌長が殺される！〟と、すぐに新大阪の駅に通報した。

坂上さんも輸送指令に男との会話の事情を報告。「ひかり」は新大阪を発車していたため、京都駅で待ち構えていた数人の鉄道警察官が乗り込み、男の座席の近くに座って男の監視をし続けてくれた。やがて男はおとなしく新横浜で下車して

いったそうである。どうなることかと、新大阪から新横浜まで冷や汗ものの乗務でしたと坂上さんは語っていた。

修学旅行列車の温かい話

もう一つ、坂上さんの車掌長時代の明るい話をお伝えしよう。

修学旅行のシーズンは新幹線にも修学旅行専用列車が運行される。坂上さんが修学旅行列車の乗務担当になった時は、移動する車内でも生徒たちに思い出をつくってもらおうと各学校の先生に提案。乗り合わせた学校の放送部員を集めて沿線案内のコンテストを催した。

放送はグリーン車の車掌室やビュッフェ車を使用。新幹線列車の車内放送ということで、生徒たちは緊張しながらも修学旅行の貴重な思い出として喜ばれたそうだ。この車内放送の企画の素晴らしさに、各学校からたくさんのお礼状が坂上さんのところへ届けられた。

客扱いのプロである坂上さんはお客さんへの気配りも人一倍で、あまりの親切さに坂上ファンになった方もいる。携帯電話もまだ普及していない約20年ほど前のこと。

仕事で京都に向かうために午後の遅い下り「ひかり」に乗っていた乗客の木村剛さん。静岡と浜松の間にある日本坂トンネルの中で乗車していた「ひかり」が故障で長時間立ち往生してしまい、京都に着く時間は深夜になりそうだった。グリーン車に座っていた木村さんは、坂上さんにこの夜泊まる京都のホテルに遅れることを伝えて欲しいと頼んだそうである。それを受けて坂上さんは、業務用電話で京都駅の内勤に事情を連絡。列車が京都駅に到着すると、なんとホテルのスタッフが京都駅ホームまで木村さんを迎えに来てくれていたという。

木村さんは車掌長だった坂上さんの温かい親切さに惚れて、その後東海道新幹線を利用するときは、坂上車掌長の乗務する列車に合わせるようになり、坂上さんが退職するまでの間、乗車し続けたそうである。

木村さんは坂上さんのファンで、「新幹線に関する記事の載った本を見かけると私の家に送ってくるんです」と、坂上さんは笑顔で話していた。

坂上さんが修学旅行専用列車で出会った少年と撮影したワンカット。旅行後に写真が郵送されてくることがたびたびあった

Episode 14

幸運の黄色い新幹線「ドクターイエロー」も運転した

深夜に走っていた「ドクターイエロー」

国鉄時代の新幹線の運転士乗務行路には、一般のお客様を乗せる営業運転のほかに、電気試験車、お召列車、修学旅行列車などがあった。これらの運転時刻は一般の時刻表のなかには書かれていない臨時ダイヤだ。

電気軌道試験車の運転は国鉄時代、東京発の新大阪行き最終列車20時24分発「ひかり」１７９号が発車した後の深夜と昼間の営業列車が走る時間の合間に運転された。

電気軌道試験車は、軌道や架線、電力、信号ほか線路設備のすべての検測を行う為に走らせる。高速で走る新幹線の軌道は、常に安全に走行ができるように検査をしなければいけない。運転士も乗務中に、列車走行で軌道の走り心地で少しでも異音やショックがあった時は異常地点の詳細を指令に報告し、試験車も異常地点の確認をする。試験車は新幹線０系をベースにした９２２型のＴ２Ｔ３タイプで軌道車をあいだに連結した7両の編成であった。

黄色塗装の列車は一般に「ドクターイエロー」と呼ばれて鉄道ファンには人気がある。運転の行路は不規則で、その時の列車行路により停車駅も違い、「ひかり」や「こだま」の運転時間のように停車駅が決まっている訳ではない。そして停車時間も10分以上止まる駅もあった。

試験車の深夜の乗務行路は、営業運転が終わったあとの東京から新大阪までの本線運転だ。運転する車窓は対向列車もなく前方はただひたすら暗いし、前照灯が照らす車窓風景は寒々すぎて、緊張感に恐怖感が重なり身の毛がよだつような乗務でもあった。新大阪に深夜到着すると宿泊し、翌朝は東京まで便乗となり乗務員室でぐったりと寝ていた事が思いだされる。やはり昼間の営業列車を運転する緊張感のほうが運転士にとっては楽しいものだ。

試験車は車掌は乗っているが乗客用のドアがあるわけではないので、営業列車のようなドアの開け閉めもなければ、発車のベルを鳴らされることもない。運転行路表に掲げられた時間通りに黙々と、発着時間にあわせて列車を運転をして行くのである。

品川の運転所車庫から乗務すると、東京駅では上り停止位置はホーム中間あたりに停車する。東京駅発車時は後部運転台を1号車運転位置にあわせるのであるが、短い7両編成に気づかず停車位置を間違えそうになった思い出がある。

厳重な運行を求められるお召列車

お召列車は天皇陛下が乗車する列車だ。

お召列車の走行規定には、他の列車と並ばない・追い抜かれてはならない・立体交差では上部線路上を他の列車が走ってはいけないなどがある。

運転士は新しい運転士を指導する教官の立場である指導運転士から選ばれる。

列車の運転日が決まると、ひと月程前に練習運転をする。そして、出発駅から目的駅までの区間にある跨線橋や橋梁は注意個所に警察官を配備し、列車の通過時間などを確認する。

0系お召列車の先頭車両には前照灯横に紺色の帯がつけられる。そして、乗車になる車両で天皇陛下が着座するグリーン車は、運転所車庫で車両中央部の座席を交換してテーブルを設置する。窓ガラスも防弾ガラスに変更される。

運転は、決められた運転時間を数秒の狂いもない正確な運転が要求される。そして、運転操作のブレーキ扱いは、「いつ止まったのだろうか」と思われるような振動がないような操作を求められるのだ。

一般営業列車の運転では、駅停車時はホーム進入時にATC30の信号を受ける。そしてATCブレーキで速度を時速30km以下に落としホーム横を走行していき、50m手前から手動ブレーキをかけて列車を停車位置に止める。

駅停車時ショックを感じさせないためには、ホームに入る手前で列車速度も時速30km以下に落としてATC30のブレーキには感知されないで進入する。

そしてホーム停車時は、50mのブレーキ作動区間を100m手前に延長して、停車するショックをなくすブレーキ扱いをする。

私はまだ指導運転士ではなかったのでお召列車の運転をすることはなかったが、実際にお召列車を運転された先輩の話がある。

「関西方面にお出かけの昭和天皇が乗車したお召列車を運転した時だった。東京を発車してから間もなく運転台の連絡電話に、『新幹線の運転台を見たい』という陛下からのお話を、お付きである侍従長が車掌を通じて連絡してきたんだ。私は、『運転台からの車窓は浜名湖を渡る景色が特に美しいですよ』と連絡電話を通して侍従長に伝えたよ。その後、陛下は浜松駅に近づくあたりで侍従長付き添いでお忍びで運転室にきたんだ。そして事前に用意されていた特別な木製のイスにお座りになり、180度パノラマの浜名湖の景色を堪能。そのままなんと豊橋駅手前まで運転台におられたんだ。陛下は運転台からの景色が大変気に入られたようだったね。」

お召列車運転は、厳重な警備体制の強化のなか慎重かつ正確な運転作業を求められる。そして、お召列車の運行に関わった職員には、後に菊の御紋入りの恩賜の煙草が配られるのだった。

Episode 15

国鉄からＪＲへ。運転は一人体制に

整備掛時代の思い出

１９８７（昭和62）年、国鉄はＪＲに換わり、乗務員の勤務体制や列車の運転方法も大きく変わった。この移り変わりのなかで体験した裏話を語ってみたい。

最近では、新幹線を含め在来線の列車に乗っても新聞や週刊誌などを読んでいる乗客はとても少なく、老男若女を問わずスマートフォンを触りながら乗車している光景が目につく。また、終着駅に着いて乗客が降車したあとの列車の車内もとてもきれいで、新聞や雑誌などの放置はほとんど見かけなくなった。日本ではテロ防止対策として駅など公共の場所で、ゴミ箱の設置が減ったためか、列車の乗客もゴミは持ち帰るのがマナーになっている。

今から約五十年前、私が国鉄に入社したばかりのころのことである。私の最初の勤務地は、新幹線の車両基地のあった東京第一運転所で、現在の東海道新幹線品川駅の位置にあった。入社してはじめて就いた職は整備掛で、仕事内容といえば運転所庶務の雑役である。国鉄では、上の職に昇格するのには経験年数と試験が常につきもので、新幹線運転士をめざすには整備掛、新幹線電車の修理などを行う車両掛を経験してからはじめて運転士の試験に臨むことになる。

私は小間使いのような庶務課の雑役の仕事のなかで、いちばん楽しみにしていたのが運転所から、東京駅丸の内側にあった国鉄本社や新幹線支社への書簡の配達仕事であった。なぜなら品川駅から東京駅までの短い距離ではあるが、新幹線に乗れるからである。品川の運転所を出発する回送列車は車両検査を済ませ、清掃も終えたばかりの整備された列車だった。一方、東京駅から運転所に入庫する回送列車は、長旅を終えて乗客が降りたそのままの列車である。

新幹線支社からの書状を受け取り運転所に帰るときは、この清掃前の列車に東京駅ホームの上野寄り16号車から乗り込み、先頭の1号車まで16両の車内を歩いた。このころの清掃前の車内は、乗客が読んだ週刊誌や新聞、そして飲み物の空き缶などが車内にあふれていた。

なかでも目立ったのが、乗車中に数度読み返しただけの真新しい雑誌だ。博多

0系新幹線の運転台から顔を出す筆者。2人体勢で運転するため、運転台も左右が広いつくりだった

から走って来た「ひかり」号の車内の捨てられた雑誌など本の数は、16両を歩いて拾い集めると毎回数十冊に及んだ。私はこれらの雑誌を拾い集めては、楽しみに待つ運転所の庶務課の皆さんに届けていた。終着駅で清掃のたびに出る雑誌の山は大量で、集められたこれらの雑誌は焼却場には直接いかずに街の露店で売られていたといううわさ話を、当時よく聞いたものだ。

情報化時代になりスマートフォンの普及で本の購読率が低くなりつつある現在、雑誌を拾い集めた時代を懐かしく感じる。

N700Aの一人運転

一人乗務の話は東海道新幹線開業時からあったのだが、はじめての高速運転ということで安全面と労働面から、「ひかり」号は運転士二人の交代乗務でスタートした。その後、将来の一人乗務の可能性を予想してつくられた車両が３００系からであった。

段階のない抜き差しできるブレーキ弁ハンドルを駆使し、３㎞の閉塞区間から流れるＡＴＣ地上波を受けながら最高時速２１０㎞で運転した０系。乗車している客の重さ、走行位置と速度、停車駅までの到着時間などを、運転士の五感を働かせてマニュアル運転をしていたのが国鉄時代であった。

現在、４分に１本と山手線並みの運転間隔で東京駅を発着する東海道新幹線。この運転間隔に合わせた新ＡＴＣは、列車間をまるで磁石のＮ極とＳ極のように反発させるところまで接近させながら、運転させる優れものだ。最新Ｎ７００Ａの運転は、列車の現在の運転状況や位置、そして次の停車駅までの運転予測が分かるドライブコンピュータが運転台に設置され、表示を確認しながらマスコンと刻みノッチのブレーキ弁ハンドルを操作して運転をする。列車の性能も格段に進化しており、走行中の車両故障も運転台で遠隔操作してカットし、自動運転機能も設置された。また、運転士は、「Ｓカード」という運転記録カードを乗務する列車に登録することで、自分の運転状態がチェックされる。時代が新聞や雑誌を

富士山を背景に、稲刈りの済んだ水田地帯を走り抜ける0系新幹線（三島〜静岡間※当時）

見て情報を得る時代から、モバイルデータでどこでも情報を得られる世の中に変わったように、運転台も進歩した。運転技術を自負したポッポ屋の時代から、データ管理をしながら運転する現在の運転士たちの時代へ。

いつの時代になっても変えることができないのは、多くの乗客の命を預かる運転士の、安全第一の姿勢だ。今後、ますます管理運転の世の中へと技術が発展しても、安全運転にだけは一意専心、心がけて欲しい。

ぽっぽ屋たちのヨーロッパ〝研修〟①

Episode 番外編

職場の仲間たちと海外旅行へ

国鉄時代、東京駅の東海道新幹線発着ホームのいちばん北寄り、CTC「列車集中制御管理室」の裏に、私の勤務する新幹線運転士の勤務先東京第二運転所があった。1975（昭和50）年、この頃の東京第二運転所に所属する運転士は200人余。ちょうど東海道新幹線開業から10年目の頃で、ほとんどの運転士が開業から運転をしているベテラン達。運転の先輩である彼らは、新幹線運転士に赴任するまでは北海道や東北、新潟さらに東海など全国各地の在来線運転区で、蒸気機関車や電気機関車、電車などの運転経験をしてきた強者運転士だ。

「これからは新幹線の時代だ」と国鉄の未来に希望を託し、転換採用で東京第二運転所に配属されてきた。真っ黒な煙を出し吹雪の峠を走る重連のSLを必死で運転する運転士の映像をテレビで見ることがあるが、その主人公の運転士達が新幹線の運転に集まっていたのである。走る・止めるなど列車の運転に関するすべての技術は誰にも負けないプロフェッショナルで、俗に「ぽっぽ屋」と言われる鉄道マン達だ。また彼らは大の鉄道好き。運転所内には巨大な鉄道模型のレイアウトが広がり、手造りのミニSLを走らせるなど、機関車の構造を知り尽くしたメカニックのプロも多くいた。

その一方で私はと言えば「新幹線の運転士になれば、毎日東京から大阪まで旅ができるぞ!」など、子供の頃からの鉄道旅に憧れ運転士になった旅好き人間である。72(昭和47)年、私は初めて渡欧し、鉄道文化の源でもあるヨーロッパの鉄道に感動。翌年からは毎年のようにヨーロッパに足を運んだ。私のヨーロッパ鉄道旅の噂を聞いたぽっぽ屋の仲間は、ヨーロッパの鉄道に興味津々だった。

そこで78(昭和53)年の夏、運転士や検査など総勢12名を引き連れて、1回目の、新幹線と争うヨーロッパの列車乗り回し旅に出発したのであった。

ヨーロッパ最速の列車だった(当時)
TEF「アキテーヌ号」前に立つ筆者

国鉄のパリ事務所で励まされ

当時ヨーロッパ各国では、「私の国のこの列車が世界一だ」と自慢する看板列車を走らせていた。これが1957年オランダ国鉄総裁デン・ホランダーが提案したヨーロッパ大陸横断特急であった。航空機に対抗しその日のうちに都市間を結ぶビジネス特急で、オール1等車編成の豪華列車だ。世界一速いと言われる0系新幹線を運転する運転プロにとっては、これら名高い列車とはどんなものなのか実際に乗車体験して比べてみたいもの。初めて足を運ぶヨーロッパに、皆胸を膨らませていた。

鉄道旅の起点都市はパリ。この頃、国鉄はパリに事務所を設けており、我々の出発に先駆けて新幹線広報部からは、パリ事務所宛に列車予約の手配をしてくれてあった。また、私が個人的に親交があった元国鉄パリ事務所長で国際観光振興会理事の五十嵐勇氏からは、現地での鉄道旅のアドバイスをいただき、ぽっぽ屋鉄道旅はより充実したものとなった。『世界一の新幹線を運転する皆さん、ヨーロッパの高速列車の旅を楽しんで下さい』と、梅原パリ事務所長からの声に励まされた。

0系より凄い機関車列車に驚く

まず乗り込んだ列車は、パリ～ボルドー間５８１㎞を約４時間ノンストップで走る「アキテーヌ号」。最高速度はなんと新幹線と同じ時速２１０㎞で、一般駅も踏切もある在来線を突っ走るのだ。１９７１年５月に登場した、フランスが誇るヨーロッパで当時最速だったＴＥＥだ。表定速度は時速１５１・６㎞と、新幹線こだま号とほぼ同じだが、新幹線の電車方式とは異なり、独特のガクガク顔を持つフランス国鉄のＣＣ６５００型機関車が牽引する客車列車である。ボルドーを代表する赤ワインを彷彿させるような赤いストライプの塗装と、航空機を思わせるボディラインの斬新な客車には、思わず皆驚きの声をあげた。

やがて発車時刻になり、アキテーヌ号は夕刻なのにまだ日差しが強いセーヌ河畔のオステルリッツ駅を発車した。

「実に静かな乗り心地だね。分厚い車体のなかで包まれて走っている感じだ。片側2対1席の座席配置は0系のグリーン車より寛ぐし、高速線を走る0系より揺れないぞ。それに加速の良さは機関車が引く列車とは思えないくらいに速い」

機関車運転を経験した仲間は、アキテーヌ号の圧倒的な加速力と静けさに驚きを隠せない様子であった。我々はボルドーでマドリッド行き国際寝台列車「太陽の門号」に乗り継ぐと、次の国スペインを目指す。セレブな客層がほとんどであったアキテーヌ号とうって代わり、夏のバカンス客や帰郷兵士などで溢れ返り、ほぼ満席状態だ。

深夜2時に国境を越える

ボルドー駅で仕入れたパンとドリンクの簡単な夕食を寝台車内で済ませ、寝静まった午前2時頃に大西洋側の国境の駅アンダイヤに到着。さて税関手続きだが、我々、寝台車両の客は車両専属の車掌が代わりに税関手続きをしてくれるため、睡眠を邪魔されることはない。ただ気になったのが列車の国境越えだ。フランスのレール幅は新幹線と同じ標準軌道(1435㎜)で、スペインは広軌軌道(1668㎜)と約33㎝も広い。軌道の違う区間をどのようにして走って行くのかが、我々はいちばん気になっていた。やはりそこがぽっぽ屋だ。

さっそく飛び起きると列車の国境越えの確認である。「太陽の門号」は寝台車両以外にオープン座席車両も連結していた。ホームを眺めると、寝台車以外の乗客は下車をして税関でパスポートチェックを受け、スペイン側のホームに停車している「太陽の門号」に乗り移っている。やがて我々の乗る寝台車両はゆっくりと巨大な車庫に入った。車庫の地面には標準軌道と広軌軌道が交互に敷かれ、待ち受けていた職員達は、我々の乗車する車両の台車を取り外す作業にかかった。クレーンで寝台車両を吊り上げると、スペイン広軌用台車の上に載せ替えたのだ。これで我々の乗った寝台車両は、スペイン広軌上を走ることができるようになったのである。手際よい台車交換作業を見て、

「仕事が早いな。0系は客車と違い電車だから、台車交換の時に車体と台車に繋がる電動機との渡り線を外す縁切り作業に時間がかかるから、こんなにスムーズには交換できないんだな」

検査経験をした仲間は、台車交換作業を見つめながら感動を口々に話していた。再び眠りから覚めた頃、「太陽の門号」は熱い夏の日差しが照りつける中、マドリード・チァマルティン駅ホームに滑り込んだ。

帰路は「カタラン・タルゴ号」

我々は、アルハンブラ宮殿やフラメンコなど、太陽が肌を焼き付ける真夏のスペインの観光を終えると、次の目的地フランスのリゾート地・ニースに向かった。ニースまでの鉄道旅は、皆が楽しみにしている2つの看板列車を乗り継いで行く。まずスペイン第2の都市バルセロナから乗車する列車は「カタラン・タルゴ号」だ。スペインが誇る豪華TEEと言うよりは、世界に誇る「珍列車」と紹介したい。

なぜなら、長崎へと走る新幹線で計画していた在来線と新幹線を共用して走れるフリーゲージトレインの元祖で、「軸距離変換装置」を通過することで、いとも簡単に軌間の違う路線を走ることが出来る列車だ。地中海側の国境駅ポートボーにある、まるで新幹線の車庫出庫時に通過する列車洗浄装置のようなところが軸距離変換装置だった。長さ約11mの短い客車同士の間に設けた1軸台車の車輪

真っ赤なラインが印象的な国境越え列車ＴＥＥ「カタラン・タルゴ号」

は、軸距離変換装置の上を走ると車軸の車輪を移動させ、スペインの広軌道からフランスの標準軌道に乗り移ることが出来る驚異の仕組みで、この離れ技をこなして国境を通過していた。

バルセロナを発車した、ステンレスボディーに赤いカラーの「カタラン・タルゴ号」は、スイス・ジュネーブまでの898㎞、3カ国間を、表定速度時速86㎞のゆっくりとした速度で走る。ぽっぽ屋たちは、マカロニウエスタンの映画に出るような荒涼としたスペインの風景を眺め「カタンカタンカタン」と、独特の走行音を響かせて走る列車に寛ぎながら、スペイン語、フランス語、イタリア語、ドイツ語、英語と5カ国の聞き慣れない案内放送に必死で聞き耳をたてる。そして、注目の「軸距離変換装置」通過時は、それぞれ窓にへばりつきながら目開き、通過し終わると全員拍手喝采して喜んだ。

フランスの古都アビニョンで「カタラン・タルゴ号」から下車、今回の旅の一番の目玉列車、フランスが誇る世界一の豪華列車「ミストラル」に乗り継いで行く。

ぽっぽ屋たちのヨーロッパ〝研修〟②

Episode 番外編

フランスの世界一の豪華列車へ

南フランス・アビニヨンの町外れにかかる古橋サン・ベネゼ橋は童謡で知られる。列車乗り換えだけの駅でしかない我々には橋の上で輪になって踊るひとときはなく、次回の旅の夢と諦め古都アビニヨンに別れを告げる。

スペイン・バルセロナから乗ってきたスイス・ジュネーブ行き「カタランタルゴ」号をこのアビニヨンで降り、次に乗り継ぐ列車はフランスが世界一の豪華列車と自慢する「ミストラル号」だ。パリ〜ニース間約1088㎞を約9時間で結ぶこの列車は、沿線を流れる南仏ローヌ河に沿って北から南へ吹くミストラルという肌寒い風を列車名にしている。

14両編成の車両には、軽い食事ができるカウンターを設けた「ボアチュールバー」や、本格的シェフが調理をする食堂車、そして散髪や美容の出来る室、タイプやコピー機などを備え付けたビジネスコーナーなど、他のTEEにはない素晴らしい設備がついている。客層を見ても、上品な装いに身を包む紳士淑女が目立ち、「ミストラル」号の格の高さがうかがえる。

アビニヨンで「ミストラル」号に乗車

「すごいな！　セレブ客ばかりだよ。どんな豪華列車が来るんだ」

我々は、「ミストラル」号の列に並ぶ人々を横目に見ながら列車の到着を待った。やがて、ステンレスのボディにTEEのロゴが入った「ミストラル」号がアビニヨンのホームに停車した。さっそく乗車だ。

通路を挟み2列1列のウグイス色のゆったりした座席に落ち着く。車内にはBGMが流れ気持ちを癒してくれる。気がつくと列車はもう走り出していた。「ミストラル」号はオランジュそしてマルセイユと停車。マルセイユでは進行方向が変わり、先頭機関車の入れ換えで停車時間も長い。

アビニヨンから
ニースまで乗車した、
豪華列車「ミストラル」号

「さぁ日が明るいうちに先頭車の写真撮影に行こう。」

私含め五人の運転士仲間は、カメラ片手にマルセイユ駅のホームに降りた。そしてミストラル号のヘッドマークが付いたフランス国鉄BB25200型機関車にかぶりつくようにしてカメラのシャッターを押し続けていた。その時であった。

「ハロー！マイジァパニーズトレインドライバー！」

参加メンバーの一人で新幹線運転士の最年長である沢渡氏が、自分が新幹線を運転する写真を見せながら、機関車の運転席窓から顔を出す機関士に声をかけた。機関士は笑いながら差し出された写真を眺め、「カモーン」と我々に手招きをしながら機関車のドアを開けた。

「ひょっとして運転台に乗せくれるのかな！」

期待のとおりだ。我々5人を運転台に導いたのである。そしてマルセイユからなんとカンヌまでの区間、「ミストラル」号運転台からの車窓旅を体験する事となった。

「ミストラル」号の運転台に乗る

機関士はポロシャツスタイルというラフな格好だ。発車時間になり、彼は私たちに手で出発の合図をすると、ブレーキを緩め前進用レバーを動かした。「ミストラル」号は機関車独特の音を響かせ走り出した。

「凄い加速力だね」

我々5人は運転士の後ろに立ちながら「ミストラル」号の運転模様を見守っていく。機関士は丸く大きなハンドルに必ず片手をのせながら、片方の手で前進ノッチを動かして行く。身振り手振りで愛嬌顔をしながら我々に運転操作の説明をしてくれるのだ。フランス語なので残念ながら会話の中身がちんぷんかんぷんだが、そこはお互いに運転士同士だ。機関士のするジェスチャーと運転操作を見れば同じ仕事柄、運転の仕方はわかる。

「彼が片手をハンドルから離さないのは、デッドマン装置という居眠り防止など緊急列車停止装置が作動するからだ。日本の機関車にもＥＢ装置とも呼ばれる同じようなシステムがあり、もし手をうっかり離し一分間マスコンやブレーキレバー・警笛など何かを操作していないと、警報ブザーが鳴り五秒後に非常ブレーキが掛かるようになっているんだ。またブレーキ装置は、０系は電車だから全車両に効く貫通ブレーキがついているが、機関車の場合は機関車のみ効く単弁ブレーキ装置と客車を連結した時に車両全部にかかる貫通ブレーキの２つがついているんだ。」

機関車運転の経験がある鈴木さんが詳しく説明してくる。

「０系の運転では、走行中は前進ノッチを入れておけば、手を離していても大丈夫だけどね！　ただ速度オーバーをすればＡＴＣブレーキが自動的にかかるから、ＡＴＣもデッドマン装置みたいなものかな」

私は、いつも運転する０系と比較しながら、「ミストラル」号の運転を見守った。新幹線の車内に出るＡＴＣ信号に慣れている私にとっては、外信号を見ながら運転する「ミストラル」号機関士の運転さばきの良さには感心する。また対向列車が来ると、警笛を鳴らしながらお互いに手を上げて挨拶をする姿に、欧州の鉄道マンの絆を深く感じる。

イタリアの高速特急に乗車

陽気でありながら自分の仕事には自信をもって、確実に仕事をこなしているミストラル号機関士に敬意を評し、カンヌで運転台を降りる。その後はゆったりとした車内で寛ぎながらリゾート地ニースへ向かった。翌日はイタリア・リビエラ海岸に沿ってミラノに向かう。ミラノ中央駅からは「7つの美」の意味を持つイタリアの看板特急TEE「セッテベロ」に乗車した。

新幹線0系と同じ動力分散式の電車スタイルで、最高速度は時速160㎞。この電車が登場したのがなんと1952年。日本の小田急ロマンスカーや名鉄パノラマカーのモデルとなった電車で、新幹線ができる前に東海道を走ったビジネス特急「こだま」も「セッテベロ」号をモデルにしたと言われる伝統ある列車だ。

両端の先頭車は、丸みをおびた展望車になっていて運転台はその上にある。

「0系の先頭ボンネット部分は時速200㎞の速度で走ると虫の死骸がこびりついて汚れるが、この「セッテベロ」号の展望車の窓ガラスも0系と一緒で虫の死骸だらけだね。展望車の中からの眺望はどうだろうか。」

我々は先頭車両の撮影を済ませると早速列車に乗車。ゴージャスというかまるで応接室のような椅子が並べられたコンパート車内に落ち着いた頃、セッテベロ号は巨大なアーチのアーケードに覆われたミラノ中央駅を離れ、ローマに向かって発車した。

「車両が古いのか結構揺れるね。乗り心地は「ミストラル」号のほうが良いかな。0系でももっと静かかな?」

意外に揺れるセッテベロ号車内を仲間3人で、気にしていた先頭展望車に足を運んだ。丸いドームのような先頭展望車内は、窓に沿って椅子が設置されている。残念ながら満席状態だ。それに当時は禁煙車の区別はなかったので、タバコを吸う客が多く煙が充満していた。私達は展望車の撮影を済ませたが、入口裏の頭上にある運転台が気になっていた。運転台入口に立った時だった。

運転台には陽気な運転士が

「日本人ですか？よかったら運転台も見て下さい！」

私のカメラが気になったのか、運転台にいた二人の運転士のうちの一人が私に声をかけてきた。

「ありがとう、私達は日本の新幹線の運転士をしています。」

私は運転中の写真を見せながら、２階運転台の運転の様子を交代で見せてもらう。

「高速だから運転台窓も汚れてるよ。踏切もない新幹線路線の運転と違い、カーブも多く洗濯物が干された一般家屋の軒先すれすれを時速１００㎞以上の高速で走り抜ける運転は冷や汗ものだね。」

運転風景を体感している私達を見て、運転士は「ジャパン、シンカンセン、グー」などと、運転しながらも時々警笛を鳴らしたりして、大きな声とジェスチャーで私達に話しかけてくる。イタリアの陽気で気さくな運転士との運転話は、単語だけの受け答えであったが大変に盛り上がった。

イタリアの高速列車「セッテベロ」号の運転士は、とても陽気だった

「セッテベロ」号の運転台には、電車線電圧計始め沢山のメーターが並ぶ。1952年製造の骨董的な配列の運転台はとても複雑だが、ブレーキ弁ハンドルと制御ノッチ等は0系の運転台の基本的な操作機器と同じようだ。

「俺達にも『セッテベロ』の運転が出来そうだね」と、自分達が運転をしている事を想像しながら「セッテベロ」の運転風景を楽しんで行く。

「セッテベロ」号のフォルムは、
日本の特急列車にも影響を与えた

column

運転士と車掌と機関士対談

信号、カーブ、勾配と複雑な列車の運転。

元・新幹線車掌
坂上靖彦
1943年東京都生まれ。62年国鉄に入社。68年から車掌となり78年から東海道新幹線の車掌を28年にわたって務める。87年JR東海に配属となり、2006年退社。現在は車掌時代の経験をもとに講演などを行う。

×

元・電気機関車機関士
滝口忠雄
1946年東京都生まれ。64年国鉄就職。74年からは国鉄東京機関区電気機関士となり、約30年にわたり旅客列車、貨物列車の運転士を務める。87年JR貨物に配属となり、2008年退職。日本写真協会会員、国鉄写真連盟会員。

×

にわあつし

新幹線と電気機関車は気にするところも大きく違う

新幹線の運転と電気機関車の運転はどう違うのか？　ＪＲ貨物の機関士だった滝口忠雄さんとの対談に、東海道新幹線車掌だった坂上靖彦さんにも入っていただき、現役時代を振り返りつつ、運転の違いについて話した。

にわ　私が乗務していた国鉄時代の東海道新幹線は、ひかりは運転士が２人、こだまは１人＋検査係での運行でした。ひかりの場合は東京〜三島〜豊橋〜新大阪と区間を４分割にして、交代しながら２区間ずつを運転。その当時からひかりも１人乗務にするという動きはあったのですが、一方でそれはダメだという声も多く、まだ実現には至っていない時代でした。午後に下りに乗って新大阪へ行き、翌日の午前中に東京に戻ってくるのが基本的な乗務でした。電気機関車はどうでしたか？

滝口　電気機関車には乗務は200㎞までという規則があり、東京機関区は東京〜沼津間の乗務がほとんどで、月に数回静岡まで乗務することがある程度でした。当初は機関士＋機関助士の2人体制でしたが、やはり1人乗務にという動きがあり、その当時は反対しましたね。結局、運転区間が100㎞を超える特急と、蒸気暖房のある機関車など一部の列車は機関助士をつけることで落ち着いた。それにしても新幹線との大きな違いはまずは信号があること、そして複雑な地形。それは頭に入れていないと運転はできません。夜行列車の乗務の場合も夕方から夜にかけて東京から沼津まで下り列車に乗務し、翌朝の上りに乗務して戻っていました。昔は夜行の大阪行き普通列車、下り143レ、上り144レという長距離普通列車があった。下りは快速運転をするけれど、上りはほとんどの駅に停まる。そんな列車にも乗務していました。

坂上　その後の大垣夜行へとつながるスジですね。大垣夜行なら私も乗務しました。当時、車掌の仲間の間では、〝どろぼう列車〟として有名でした。スリがいるから気をつけろと言われましたし、実際に乗務をしていても入場券で乗っている人や、無賃乗車がとても多かった。だから車内改札は早めにやっておくんです。それに、夜中に改札に行くと怒られる（笑）。

滝口　在来線は信号機を見ながら運転しますから、はじめは信号機のある位置を覚えるのが大変でした。また駅入り口には場内信号機というのがあって、ずらっと信号機が並んでいます。自分の列車が何番線に入るか示されますが、ごくまれに信号所が間違えることがあります。そのまま突っ込んだら事故になってしまう。そんな時は信号機の手前に列車を停めて、信号機の下にあるトークバックという装置で信号所に連絡をとるということもありました。

にわ　新幹線はその分、ＡＴＣ（列車自動制御装置）はあるし、信号は列車内に表示されるだけだから楽なんだよね。線路も真っすぐだし、見晴らしがいい。ただし先が見えないのは勾配とトンネル。小田原〜三島間の登り坂は勾配でその先が見えなくなる。先が見えない勾配を時速210㎞で走っていく。すると変なことを考えてしまうこともあったよ。この先で架線が切れて垂れていて、運転席にぶつかってきたらどうしようとかね。それから勾配と言えば、私は大失敗をしてしまったことがあって、新横浜〜小田原間を回送で運転中にトンネル内で地震にあって、上り勾配の途中で緊急停止をしてしまった。緊急停止をすると一度16両すべての車両の配電盤を開けてブレーキをリセットする必要がある。それで1両1両まわってリセットして、最後の車両をリセットしたら……、なんと列車が後ろへと下がりはじめてしまった。本当は緊急ブレーキがかかったら、手動ブレーキを入れてから、リセットにまわらなければならなかったのを、うっかり忘れてしまった。列車が動いたらもう一度緊急ブレーキが作動してしまって、結局は手動ブレーキを入れて、再度16両まわりなおすことになった。回送だったからよかったものの、乗客が乗っていたらと思うと、今でもぞっとするよね。

滝口　私も勾配では失敗したことがあって、電気機関車には1分間いっさい操作しないと警報が鳴るEB装置という緊急列車停止装置がついているんです。これは運転中に気を失ったり、急病で倒れたりしたときに列車を停止させるための装置なんですが、警報が鳴ってもそのまま操作がないと列車は停止するようになっています。その日の乗務は1000トンの貨物列車。夏の暑い日で、運転室に冷房のないEF66形の運転、窓を開けて風を入れながら走っていました。三島から函南の間には登り坂の途中に4つのトンネルがあるんですが、そのトンネル内で急に列車が停止してしまった。見るとEB装置が作動していたんです。窓を開けたままトンネルに入ったために警報音に気がつかなかったんです。運悪く停止したのは東海道本線でもいちばんの10パーミルの登り坂。ノッチを入れてもなかなか動かず、それでも馬力のあるEF66形だったから、そろそろと動いてくれて、あれがもう少し古い型の機関車だったらきっと走れなかったでしょうねぇ。遅れて来ないので函南駅からは「どうしましたかっ」って確認の無線が入りましたね。

坂上　話は変わりますが、車掌の私からすると機嫌の悪い運転士や、そもそも運転士のクセというのはわかるものですよ。だからね、私はあらかじめ運転士に挨拶したり、連絡を入れたりを心がけていました。車掌は人と接する仕事ですからね、人たらしでなくてはならない。人と仲良くなるのも得意なので、「今日はお世話になります」「本日の運転車掌は新米ですからよろしくお願いします」などと声をかけておく。するとずいぶん気を使ってくれて運転も穏やかになるものです。

にわ　こうして話してみると、新幹線と電気機関車では運転が全然違いますね。

あとがき

２０２２(令和４)年10月14日、日本に鉄道が開通して１５０年。そして２０２５年には東海道新幹線が開通して60周年を迎えます。

思えば、１９８７(昭和62)年に分割民営化されてＪＲとなってから38年の年月が流れました。私のように昭和の国鉄時代、新幹線の運転に従事した諸先輩や仲間達はとうの昔に退役をしました。国鉄からＪＲまで引き継いで運転をなされている新幹線運転士の方々もあと数年で退役され、国鉄時代の語りは消えかけていきます。

国鉄時代の０系新幹線運転の物語は、デジタル情報を基本とした最新新幹線列車の運転や、運転技術から営業までオールマイティーにやりこなすＪＲの勤務形態と比べると、とても緩やかで懐かしい思いで御拝読されるかと思います。

デジタル情報がなかった国鉄時代、私が現役でいた当時の運転士の皆さんは、運転の技術を自分の身体に染み込ませて五感の神経をフルに使いました。そして東海道新幹線沿線の景色やお客様などすべてが運転情報でした。

「安全は輸送業務最大の使命である」お客様を安全に定められた時間通りに目的駅に運ぶ運転士の使命は現在も変わりません。
懐かしい昭和と国鉄時代の新幹線運転の物語が読者皆様の心の片隅に残り、また懐かしく思い出していただければ幸いです。

2023(令和5)年2月　　にわあつし

Profile
にわあつし

1951（昭和26）年静岡県生れ。高校卒業後、日本国有鉄道に入る。87（昭和63）年4月の国鉄分割民営化直前まで、新幹線の運転士を務め退職。その後は、鉄道と旅行を中心としたライター・写真家として活動し、『運転士が見た鉄道の舞台裏　新幹線の運転』などの著書がある。日本旅行作家協会会員。

STAFF
編　　集　真柄智充（「旅と鉄道」編集部）
デザイン　安部孝司
編集協力　木村嘉男

0系新幹線運転台日記

2023年3月28日　初版第1刷発行

著　　者　にわあつし
発 行 人　勝峰富雄
発　　行　株式会社 天夢人
〒101-0051　東京都千代田区神田神保町1-105
https://www.temjin-g.co.jp/
発　　売　株式会社 山と溪谷社
〒101-0051　東京都千代田区神田神保町1-105
印刷・製本　大日本印刷株式会社

■内容に関するお問合せ先
「旅と鉄道」編集部　info@temjin-g.co.jp　電話03-6837-4680
■乱丁・落丁に関するお問合せ先
山と溪谷社カスタマーセンター　service@yamakei.co.jp
■書店・取次様からのご注文先
山と溪谷社受注センター　電話048-458-3455　FAX048-421-0513
■書店・取次様からのご注文以外のお問合せ先
eigyo@yamakei.co.jp

Printed in Japan
ISBN978-4-635-82461-3